On Nietzsche

尼采

[美] 埃里克·斯坦哈特（Eric Steinharter）◎著

朱　晖◎译

清华大学出版社

北　京

北京市版权局著作权合同登记号 图字01-2018-2289号

On Nietzsche
Eric Steinharter

图书在版编目（CIP）数据

尼采 /（美）埃里克·斯坦哈特（Eric Steinharter）著；朱晖译. —北京：清华大学出版社，2019
（2024.1 重印）
（悦·读人生）
书名原文：On Nietzsche
ISBN 978-7-302-52564-6

Ⅰ.①尼… Ⅱ.①埃… ②朱… Ⅲ.①尼采（Nietzsche, Friedrich Wilhelm 1844–1900）—哲学思想—思想评论 Ⅳ.① B516.47

中国版本图书馆 CIP 数据核字（2019）第 046025 号

责任编辑：刘志彬
封面设计：李召霞
责任校对：王荣静
责任印制：杨 艳

出版发行：清华大学出版社
　　　　网　　址：https://www.tup.com.cn, https://www.wqxuetang.com
　　　　地　　址：北京清华大学学研大厦 A 座　　邮　编：100084
　　　　社 总 机：010-83470000　　　　　　　　邮　购：010-62786544
　　　　投稿与读者服务：010-62776969，c-service@tup.tsinghua.edu.cn
　　　　质 量 反 馈：010-62772015，zhiliang@tup.tsinghua.edu.cn
印 装 者：三河市东方印刷有限公司
经　　销：全国新华书店
开　　本：148mm×210mm　　　印　张：5.625　　　字　数：105 千字
版　　次：2019 年 5 月第 1 版　　　印　次：2024 年 1 月第 5 次印刷
定　　价：35.00 元

产品编号：077089-01

尼 采

弗里德里希·威廉·尼
采（Friedrich Wilhelm
Nietzsche，1844—1900），
德国哲学家，西方现代哲
学的开创者。出生于牧师
家庭，从小抑郁，先后
就读于波恩大学和莱比锡
大学，25 岁时受聘为巴
塞尔大学教授，但在 1879 年由于健康问题而辞职，四处漫游 10 年。
1889 年精神崩溃，从此再也没有恢复，直至去世。著有《悲剧的诞生》
《查拉图斯特拉如是说》等。

尼采宣布"上帝已死"，认为在没有上帝的世界上，人们获得了空前
的机会，必须建立以人的意志为中心的新的价值观。他提出强力意志说，
用强力意志取代上帝的地位，传统形而上学的地位。强力意志说的核心
是肯定生命，肯定人生。他还提出关于建构理想人生的超人哲学，梦想
改善人、造就新的人，即是超人。

尼采对后来的存在主义和后现代主义哲学影响极大。

内容简介

　　本书首先对尼采的思想进行了导读性概括，然后再选择性地着重从"宗教""知识""权利意识"以及"群体和个体"等方面详细论述了尼采的相关思想，帮助读者既能全面、深刻地认识这位伟大哲学家的思想世界，又能准确把握其富有启发性和包蕴性的思想。

总序

　　贺麟先生在抗战时期写道："西洋哲学之传播到中国来，实在太晚！中国哲学界缺乏先知先觉人士及早认识西洋哲学的真面目，批评地介绍到中国来，这使得中国的学术文化实在吃亏不小。"①贺麟先生主持的"西洋哲学名著翻译委员会"大力引进西方哲学，解放后商务印书馆出版的《汉译世界学术名著》的"哲学"和"政治学"系列以翻译引进西方哲学名著为主。20 世纪 80 年代以来，三联书店、上海译文出版社、华夏出版社等大力翻译出版现代西方哲学著作，这些译著改变了中国学者对西方哲

---

① 贺麟. 当代中国哲学. 上海：上海书店，1945：26.

学知之甚少的局面。但也造成新的问题：西方哲学的译著即使被译为汉语，初学者也难以理解，或难以接受。王国维先生当年发现西方哲学中"可爱者不可信，可信者不可爱"，不少读者至今仍有这样体会。比如，有读者在网上说："对于研究者来说，原著和已经成为经典的研究性著作应是最该着力的地方。但哲学也需要普及，这样的哲学普及著作对于像我这样的哲学爱好者和初学者都很有意义，起码可以避免误解，尤其是那种自以为是的误解。只是这样的书还太少，尤其是国内著作。"这些话表达出读者的迫切需求。

为了克服西方哲学的研究和普及之间的隔阂，清华大学出版社引进翻译了国际著名教育出版巨头圣智学习集团的"华兹华斯哲学家丛书"（Wadsworth Philosophers）。"华兹华斯"是高等教育教科书的系列丛书，门类齐全，"哲学家丛书"是"人文社会科学类"中"哲学系列"的一种，现已出版 88本。这套丛书集学术性与普及性于一体，每本书作者都是研究其所论述的哲学家的著名学者，发表过专业性很强的学术著作和论文，他们在为本丛书撰稿时以普及和入门为目的，用概要方式介绍哲学家主要思想，要言不烦，而又不泛泛而谈。因此这套书特点和要点突出，文字简明通俗，同时不失学术性，或评论哲学家的是非得失，或介绍哲学界的争议，每本书后还附有该哲学家著作和重要第二手研究著作的书目，供有兴趣读者作继续阅读之用。由于这些优点，这套丛书在国外是不可多得的哲学畅销书，不但是哲学教科书，而且是很多哲学业余爱好者的必读书。

"华兹华斯哲学家丛书"所介绍的，包括耶稣、佛陀等宗教创始人，沃斯通克拉夫特、艾茵·兰德等文学家，还包括老子、庄子等中国思想家。清华大学出版社从中精选出中国人亟须了解的主要西方哲学家，以及陀思妥耶夫斯基、梭罗和加缪等富有哲思的文学家和思想家，以飨读者。清华大学出版社非常重视哲学领域，引进出版的《大问题：简明哲学导论》等重磅图书奠定了在哲学领域的市场地位。这次引进翻译这套西文丛书，更会强化这一地位。现在越来越多的人认识到，在思想文化频繁交流的全球化时代，没有基本的西学知识，也不能真正懂得中华文化传统的精华，读一些西方哲学的书是青年学子的必修课，而且成为各种职业人继续教育的新时尚。清华大学出版社的出版物对弘扬祖国优秀文化传统和引领时代风尚起到积极推动作用，值得赞扬和支持。

张世英先生担任这套译丛的主编，他老当益壮，精神矍铄，认真负责地选译者，审译稿。张先生是我崇敬的前辈，多年聆听他的教导，这次与他的合作，更使我受益良多。这套丛书的各位译者都是学有专攻的知名学者或后起之秀，他们以深厚的学养和翻译经验为基础，翻译信实可靠，保持了原书详略得当、可读性强的特点。

本丛书共 44 册，之前在中华书局出版过，得到读者好评。

我看到这样一些网评："简明、流畅、通俗、易懂，即使你没有系统学过哲学，也能读懂"；"本书的脉络非常清晰，是一本通俗的入门书"；"集文化普及和学术研究为一体"；"要在一百来页中介绍清楚他的整个哲学体系，也只能是一种概述。但对于普通读者来说，这种概述很有意义，简单清晰的描述往往能解决很多阅读原著过程中出现的误解和迷惑"；等等。

这些评论让我感到欣慰，因为我深知哲学的普及读物比专业论著更难写。我在中学学几何时曾总结出这样的学习经验：不要满足于找到一道题的证明，而要找出步骤最少的证明，这才是最难、最有趣的智力训练。想不到学习哲学多年后也有了类似的学习经验：由简入繁易、化繁为简难。单从这一点看，柏拉图学园门楣上的题词"不懂几何者莫入此门"所言不虚。我先后撰写过十几本书，最厚的有八九十万字，但影响最大的只是两本 30 余万字的教科书。我主编过七八本书，最厚的有 100 多万字，但影响最大的是这套丛书中多种 10 万字左右的小册子。现在学术界以研究专著为学问，以随笔感想为时尚。我的理想是写学术性、有个性的教科书，用简明的思想、流畅的文字化解西方哲学著作烦琐晦涩的思想，同时保持其细致缜密的辨析和论证。为此，我最近提出了"中国大众的西方哲学"的主张。我自知"中国大众的西方哲学，现在还不是现实，而是一个实践的目标。本人实践的第一步是要用中文把现代西方哲学的一些片段和观点讲得清楚明白"①。欣闻清华大学出版社要修订再版这套译丛，每本书都是讲得清楚明白的思想家的深奥哲理。我相信这套丛书将更广泛地传播中国大众的西方哲学，使西方哲学融合在中国当代思想之中。

赵敦华

2019 年 4 月

---

① 详见赵敦华. 中国大众的现代西方哲学. 新华文摘，2013（17）：40.

目录 | Contents

总序

001 | **尼采的著作**

1 005 | **导论**

作为世界之镜的心灵 / 006

作为心灵之镜的心灵 / 007

从内部看世界 / 009

世界：空间、时间和可能性 / 010

自我反映和自我毁灭 / 012

西方思想的自欺 / 014

自欺和自我堕落 / 016

从自我否定到客观性 / 017

从客观性到自我肯定 / 020

2 023 | **宗教**

超自然主义 / 024

道德超自然主义 / 027

禁欲主义的超自然主义 / 028

宗教的超自然主义和禁欲主义 / 030

反对基督教 / 030

基督与基督教 / 031

基督教的禁欲主义的超自然主义 / 033

哲学的禁欲主义的超自然主义 / 034

科学的超自然主义 / 035

基督教上帝之死 / 037

虚无主义 / 039

佛教 / 040

反对虚无主义的宗教 / 041

禁欲主义的超自然主义的替代 / 043

绝对的肯定 / 045

3 049 | **知识**

认知的进化 / 050

真理 VS 实用 / 051

保存生命的谬见 / 054

对同一性和同等性的虚构 / 054

思想的自我解释 / 056

自我和意志的投射 / 058

实体的虚构 / 059

因果关系的虚构 / 060

自然的规则和规律 / 062

数学 / 065

知识的良性循环 / 069

快乐的智慧 / 071

自觉的科学 / 073

重新理解自身和意志 / 076

4 081 | **权力意志**

可能性的连续流动 / 082

不存在同等的事物 / 085

关系的世界 / 087

为支配一切事物的权力而奋斗 / 089

超越局限性的奋斗 / 091

奋斗着的可能者 / 093

"不"：没有什么可能比之更强大 / 095

掷骰子游戏 / 098

这个世界及其宇宙们 / 102

自由和宿命 / 104

"是"：没有什么比之更伟大 / 106

5 111 | **群体和个体**

人兽 / 112

中道与过度 / 113

存在于个体之中的作为群体本能的意识 / 114

存在于个体之中的作为群体本能的语言 / 115

社会习俗 / 117

存在于个体之中的作为群体本能的道德 / 118

道德的自然历史 / 120

主人道德和奴隶道德 / 121

作为奴隶道德的基督教道德 / 123

在地位同等的公民之中的正义与合作 / 124

权力意志和政治机构 / 125

贵族品质与奴隶品质 / 128

从较低到较高文化的精神进步 / 130

自由精神和被束缚的精神 / 132

超人 / 135

肯定的伦理学和政治学 / 138

6 141 **永恒回归**

发生和回归 / 142

回归和不灭 / 143

永恒回归的表现 / 144

经历所有的组合 / 147

游戏中的重复 / 149

物理学既不肯定也不驳斥回归 / 151

以国际象棋回归为例 / 152

回归的单元是整个宇宙 / 155

空间和时间的回归 / 156

树中之树 / 158

过去和未来的自我 / 161

结论 / 163

On Nietzsche ———————— 尼采的著作

尼采的著作在被引用时一般是这样处理的：给出他的书名缩写，再在缩写后加上相应节的数字编目。例如，GS341 是《快乐的科学》的第 341 节，数字是指节而不是页码。在有些书中，尼采将节归组为部分。因此 GM3：4 是指《道德的谱系》的第三部分第四节。在尼采著作的所有版本中，这种编目都是相同的。所有这些书都不贵，很容易得到。下面我指出每本书的书名缩写以及我用的译本。

UM:《不 合 时 宜 的 思 想》（*Untimely Meditations*），根据部分和页码引用，本书采用的是霍林德尔的译本（R.J.Hollingdale，New York：Cambridge University Press，1983）。

PTG:《希腊悲剧时代的哲学》(*Philosophy In the Tragic Age of Greeks*)，根据节引用，本书采用的是考恩的译本（M.Cowan，Washington：Regnery Publishing, 1996）。

HHI:《人性的，太人性的》第 1 卷（*Human All Too Human*, Volumn 1），本书采用的是霍林德尔的译本（R.J.Hollingdale, New York：Cambridge University Press，1986）。

AOM:《异彩纷呈的观点和格言》(*Assorted Opinions and Maxims*)，即《人性的，太人性的》的第 2 卷第 1 部分，根据节来引用。

WS:《漫游者及其影子》(*The Wanderer and His Shadow*)，即《人性的，太人性的》第 2 卷第 2 部分，根据节来引用。

D:《曙光》(*Daybreak*)，根据节来引用，本书采用的是霍林德尔的译本（R.J.Hllingdale, New York: Cambridge University Press, 1982）。

GS:《快乐的科学》(*The Gay Science*)，根据节来引用，本书采用的是考夫曼的译本（W.Kau-fmann, New York: Random House, 1974）。

Z:《查拉图斯特拉如是说》(*Thus Spake Zarathustra*)，根据部分和节来引用，本书采用的是霍林德尔的译本（R.J.Hollingdale, New York: Penguin Books, 1969）。

BGE:《善恶的彼岸》(*Beyond Good and Evil*)，根据节来引用，本书采用的是考夫曼的译本（W.Kaufmann, New York:

Random House, 1966）。

GM:《道德的谱系》（*The Genealogy of Morals*），根据部分和节引用，本书采用的是戈尔芬的译本（F.Golffing, New York: Doubleday, 1956）。

TI:《偶像的黄昏》（*Twilight of Idols*），根据部分和节引用，本书采用的是霍林德尔的译本（R.J.Hollingdale, New York: Penguin Books, 1984）。

AC:《敌基督者》（*The Antichrist*），根据节引用，本书采用的是霍林德尔的译本（R.J.Hollingdale, New York: Penguin Books, 1984）。

EH:《瞧，这个人》（*Ecce Homo*），根据部分和节引用，本书采用的是霍林德尔的译本（R.J.Hollingdale, New York: Penguin Books, 1983）。

PT:《哲学和真理》（*Philosophy and Truth*），根据节和页码引用，本书采用的是布雷齐尔的译本（D.Breazeale, London: Humanities Press, 1979）。

WP:《权力意志》（*The Will to Power*），根据节引用，本书采用的是考夫曼和霍林德尔的译本（W.Kaufmann and R.J.Hollingdale, New York: Random House, 1968）。

1

On Nietzsche ———— 导论

作为世界之镜的心灵

很多传统的哲学家和宗教权威人士说我们的心不是这个世界的一部分，而尼采说我们的心是世界的一部分。他说心从内部反映这个世界：

人在缓慢地进化，知识也在进化：人对世界的映照于是变得越来越真实和完整。它自然地越来越清晰地映照。但是镜子本身完全不外于也不离于事物的本性。相反，它作为事物本性的一部分缓慢地生长。我们观察到有一种努力在使这个镜子越来越称职。这一自然的进程被科学所继续。于是事物对自身的映照更清晰了。（PT37-38；HHI：2，I：10，I：16；GS354；BGE207，295）

在人的意识中，世界的一部分很自然地认知世界的整体。人的心灵是世界看自己所用的眼。它是对世界的自我映照、自我反映。但是因为我们的心灵在世界之中，它们是返观自身的眼睛。我们自我知觉。在人类的自我意识中，镜子反映自己。但是当镜子反映自己时，它反映它自己的反映：它不断地反映它自己对自己的反映，产生一系列的连续的一环套一环的自我反映。如果你将一个电视摄像镜头对准一个电视荧屏——这个荧屏就放映这个摄像镜头所拍下的内容，那么你将看到一个反馈的圈：电视将显示出连续的系列的荧屏套荧屏。我们的心灵就像部分指向世界、部分指向自我意识的自我展示。

作为心灵之镜的心灵

这种连续的自我反映套自我反映的系列被尼采称作"内世界"（the inner world，WP476-480）。内世界是奇怪地扭曲的自我反映的迷宫。①如果你将一个话筒连上一个扩音器，再将扩音器和演讲者放在话筒前，任何一个背景噪音都会被反馈所放大，直至成为一种扭曲的嚎叫。如果一个电视荧屏放大镜头所摄的光线，而且如果这个镜头指向这个荧屏，从而使被放大的光线又输入镜头，于是经过每一个反馈循环圈，光线都变得更亮、更强。荧屏套荧屏的自我反映系列将终结为一个像太阳一样亮的点。心灵的自我反映是像这样的一个反馈圈：心灵放大它自己的光并向心中自我反馈。内世界充满火焰和阴影，以及"幻想和不真实的光线"（TI6：3）。

据尼采，心灵自己的自我放大的光的聚焦点是上帝。上帝这种心灵的自我反映被心灵误认为是别的事物。上帝这一冒牌货使人看起来渺小而黑暗。如果人们将自己和上帝相比较，"那是因为当看进这一辉煌的镜子时，他的本性在他看来是那样地阴郁、那样严重地被扭曲"（HHI：132）；但是尼采说：我们必须认识到这一映照是一个心智错误，以致"在这种情形下的人陷入这种错误——（这种错误）并不是因为'犯罪'和'罪恶'，而是通过一系列的错误推理而形成的。如果人的本性在人看来是黑暗的并很大程度上令人憎恨，那正是这一镜子的错误，而这一映照正是人自身的杰作"（HHI：133）。

镜子是平面，但平面能有深度。在连续的映照套映照的反映中，每一反映都比上一反映要深。反映套反映的系列像导向心灵的深深的地下世界的台阶。洞穴是迷宫。柏拉图说，我们所生活、行走和存在的世界就像一个洞穴——在这个洞穴中我们是囚犯，我们所有的经验仅仅是投射在洞壁上的阴影。对于尼采来说，地下的内世界是一个被吸血鬼和魔鬼所萦绕的洞穴。它被恐惧所萦绕：恐惧死亡、魔鬼、地狱和上帝。

上帝是内世界中最亮的光。上帝是地下的太阳。但是，最亮的光投下最黑暗的阴影。尼采因为他的"上帝死了"（GS125，

343）的话而知名。但是，上帝像一个靠吸活人之血而生的吸血鬼，已经死了。（GS372）上帝死了，但是"可能将来几千年中仍然会有这样的洞穴，在这些洞穴中，上帝的阴影仍会显现"。（GS108）这些上帝的阴影使我们的心变黑暗了。（GS109）然而，它们仅仅是我们恐惧的自我欺骗所投下的阴影。我们被我们自己扭曲的自我形象所萦绕："你难道不怕在每种类型的知识的洞穴中重新遇到你自己的魔鬼吗？这种魔鬼是一种遮蔽物，在它背后，真理隐藏了它自己。"（D539）

从内部看世界

心反映自己是因为它是世界的一部分——它从内部看整个世界。因此，它看到它自己在看世界，这意味着：它看到它自己在看它自己在看整个世界，如此不已。心通过在思想中给世界绘图来反映世界；它给世界绘一个概念图。

图就像镜像。一幅地图反映一个地区。如果一幅佛蒙特州的地图在佛蒙特州一幢房屋的一间房子中的桌子上铺开，那幅地图像佛蒙特的镜子，它从内部映照佛蒙特。同样地，任何一幅世界之内的世界地图是对世界的一种内部反映。它是从内部立足点所得出的世界地图。每个人的心都包含有这样一幅地图。我们对世界绘的图是象征性的。它们是概念性图式。②

从世界内部反映整个世界的概念图，尼采称之为对世界的解释（interpretation），图式对世界的关系他称之为透视（perspective）。由于每一种对世界的解释也是一种对世界的透视，所以这两个术语意思极其一致。由于每一种对世界的解释都是世界的一部分对整个世界的反映，所以它是自我解释。我们的心就像帆布，世界自然地在它上面画上自己的肖像。

尼采认为没有一种外在性的对世界的解释或绘图。没有外部性的对世界的透视。尼采的透视主义是这样一种理论：人心在努力地达到对世界的实在的内在的概念绘图。它是美国20世纪著名思想家普特南（Putnam）所称的内部实在主义（internal realism）的一例。[3]尼采和普特南都否认在给世界绘图时有从外部看这个世界的立足点。看世界的外部立足点一般称作上帝之眼的看，因为上帝经常被想象成以某种方式外在于世界。像普特南一样，尼采否认有任何上帝之眼看这个世界。

世界：空间、时间和可能性

之所以没有任何外在的对世界的透视，原因在于没有任何事物外在于这个世界（TI6：8，WP765，1067）。尼采自己对世界的透视就是发自内部的："你知道对我来说'世界'是什么吗？我可以在我的镜中向你出示吗？"（WP1067）世界远远不止于地球这颗行星，远远不止于我们整个物理性的宇宙。世界物理性地和逻辑地从你身体的现在条件出发往外伸展。它从你的位置、时间和方式出发向外伸展——在所有的空间、时间和逻辑方向上。

要看一看世界如何在各个方向上向外伸展，就想一想我们的空间、时间和可能性理论。我们的理论是对于在空间、时间和可能性上伸展的现实的概念性图景。位于图景中心的是当下。当下在这儿、现在和现实中。物理宇宙的空间性图景从这儿（我们身体之所在）向外伸展，延伸到包括地球、太阳系、银河系并在所有的空间方向上涵盖像我们银河系一样的空间结构。

时间线条是描绘我们物理宇宙历史的时间性图景，它从现在往前推至过去并往后伸向未来。例如，我们对于地球过去历史的理论性图景往前推至恐龙时代，而对于宇宙的历史图景往前推至它的物理起源点——大爆炸。我们对于地球和宇宙的未来的理论图景往后推至太阳的爆炸，恒星燃尽后我们物理宇宙的冷却。

对于空间和时间图景我们很熟悉。对于可能性图景我们要陌生一些。④当下是事物现实存在的方式。但这不是唯一的可能性。有别的整个物理宇宙可能存在的方式，尽管现实存在的方式不是这样。对于整个物理宇宙来说，任一可能的存在方式都意味着另一个可能的宇宙。别的可能的宇宙接近我们宇宙的程度在逻辑上是多一些还是少一些，取决于它们相对于我们这一宇宙来说共同点的多少。例如，假设你抛一枚硬币。着地结果是硬币可能正面朝上或反面朝上，但是每次结果只能是一种。如果它正面朝上，那么有一个可能很像我们宇宙的宇宙，仅有一个区别：硬币反面朝上。可能性宇宙和我们实存宇宙如果只在一种方式上不同，那么在可能性图景上它和我们的宇宙仅一步之隔。如果这些宇宙和我们宇宙在很多方式上不同，那么它们就和我们宇宙有很多步之隔。所有这些"预备的"宇宙在世界中就像大洋中的岛屿。

除了这个世界之外没有别的世界（世界和宇宙不是一个概念）。无论你在空间、时间和可能性上走多远，你将永不可能逃出这个世界。⑤因为世界在物理性上（即空间上和时间上）是闭合的，没有任何方式可以使身体跳出这个世界而从外部看它。因为世界在逻辑上是闭合的，同样没有任何方式可以使心灵跳出这个世界而从外面思考它。任何从外部对这个世界的透视都是不可能的，因为它是一个悖论。

自我反映和自我毁灭

有些判断是悖论。例如："任何规则都有例外。"因为"任何规则都有例外"是一个规则，它也应使用于它自身。因此，它是一个无例外的规则。所以如果"任何规则都有例外"是真实的，那么有一个规则它没有例外；但是这样的话，"任何规则都有例外"就不是真实的。如果你认为"任何我想的事都是错误的"，那么这种想法也应该用于其自身；它导致它自身是错误的。这是一种否定性的自我反映。

假设某人往镜子中看并说："这个镜子中所反映的一切都不存在。"假设这人所说的是真实的。由于往镜子中看的人也反映在镜子中，假如这一判断是真实的，那么做出这一判断的人也不存在。但是不存在的人不能说话。他们也不能做判断。这个人的判断是荒唐的，因为如果这个判断是真实的，那么镜子的反映力否定了它。

假设有一个反映了世界一切事物的镜子，也假设有一个人往镜子中看并说："镜子中所反映的一切都不存在。"如果这一判断是真实的，那么世界上的一切都不存在。因为做出这一判断的人在世界之中，那么这个人也不存在。但是不存在的人不能做判断，而不存在的镜子也不能反映不存在的人。这个人所说的不可能是真实的。

尼采经常将哲学理论回转至自身，以断定它们的自我反映是自我肯定的、还是自我否定的，也就是说，以断定当它们应用于自身时，是成立的还是矛盾的。有些19世纪的思想家认为，我们所看到的外部世界是我们身体器官的产物，例如，是脑的产物。对于这一观点，尼采回答说："但是，那样一来，我们的肉体岂不成了外部世界的一部分，成了我们器官的杰作了！

那样一来，我们器官本身——就成了我们器官的杰作了！在我看来，这等于滑向了彻底的荒唐无稽。"（BGE15）他认为这是荒唐的，是一种悖论圈。尼采相信他的理论在应用于其自身时，是自洽的。（BGE22）

假设有一个人心里这样想："所有我知觉到的事物都不存在。"由于这种思想是关于心灵自身的，如果它是真实的，那么它也应适用于自己；但是那样的话，这样想的心灵也不存在。由于不存在的心灵也不能思考，心灵的那种思考就不真实。这种情形是荒谬的。但是如果心灵固执己见，它可能坚持认为它所想的是真实的。如果它这样坚持，那么它就处于自我欺骗或自我施幻的状态中。如果这种自我欺骗仅仅是一种思想，它并不太有害。但是思想导致行动。建立在幻觉基础上的思想是自我毁灭性的。

西方思想的自欺

尼采认为西方文明在2000多年中一直处在自欺之中。他认为，西方文化坚持对世界作否定性的解释，这种解释否定世界的真实性，它主张世界是一种幻影、一个幻象或一个噩梦。但是如果它坚持认为它对世界的否定性解释是真实的，那么这种解释也应适用于它自身，因此，尼采说，否认世界真实性的那一心灵也否认了它自身的真实性。它的理论即认为世界不真实，是自我颠覆性的。它使自己失信。它反对自身。肯定这样一种自我否定的理论就是否定肯定这一理论的自我。由于心灵在活动中遵循这种自我否定的逻辑，结果是通过对整个世界的破坏而真实地破坏了心灵。这是毁灭世界的自杀。

尼采认为，西方哲学家和宗教权威传统主张这个世界之外或之上有另一个世界，它比这个世界好，这是对世界的一种否定性观照。⑥这另一世界是非物质性的精神世界。尼采认为，尤为突出的是柏拉图类型的哲学家和基督教式宗教权威，他们努力地通过宣称有另一个具有和我们这个世界相反特征的世界来否定这个世界。（WP579）

超自然主义说，另一世界是这个世界之外的一个处所，概念上说从那个世界看这个世界是可能的，而且从这种外在的视角对世界的透视（即"上帝之眼所见"）是关于这个世界唯一正确的理论，即它是这个世界存在的真实状况。这个世界是虚幻的现象，充满矛盾；另一世界是纯洁、坚固的真实。在这个世界，变化使任何事物不确定；另一世界是无变化的。

禁欲主义的超自然主义加上一个否定性的价值判断：从外部的视角观照这个世界，这个世界丑陋而罪恶，"当人们凭空捏造一个理想世界的时候，也就相应地剥夺了现实性的价值、意义和真实性"（EH Foreward 2）。因此，在世界之外的这个超自然的处所被认为更好。另一个世界被认为是我们最初的家

（TI3：5；WP765），我们的灵魂从那儿坠落到这儿，必须返回。

尼采担心禁欲主义的超自然主义有真实不虚的破坏性后果："基督徒决意发现这个世界的丑陋和丑恶，这已使世界变得丑陋而丑恶。"（GS130）他认为基督教努力地"将所有对尘世事物的爱……倒转成为对现世和尘世事物的恨"（BGE62）。禁欲主义的超自然主义使未来世世代代的人面临一个可怖的选择："要么放弃尊崇，要么放弃你自己！"（GS346，cf.GS343）

自欺和自我堕落

禁欲主义道德反对这个世界。但是禁欲主义道德是这个世界的一部分。它像一面否认自己反映功能的镜子："从道德的立足点来看，世界是不真实的。但是就道德自身是世界的一部分而言，道德是不真实的。"（WP552）

尼采经常用虚无主义和悲观主义等术语指称禁欲主义的超自然主义。如果悲观主义是真实的，那么生活没有真实的价值，那么自洽的悲观主义者也是自我摧毁的：在实现悲观主义的真理时，自洽的悲观主义者将自杀。由于相信悲观主义是真实的，并且生活是为了从口头或心智中宣称生活没有价值，这不是自洽的。悲观主义是自我反对自我的教条，因为如果它是真实的，那么不可能有任何相信它的人会存在："悲观主义，无论是纯粹的还是结合了其他的，仅仅只能以否定悲观主义者的方式来证实自己。"（TI9：36）尼采并不怎么担心世界自杀。他更担心虚无主义会导致深深的病态——一种生活的自我堕落。（GM1，3）这是一种系统的厌食症或自饿。

如果尼采主张任何对世界的透视都是内在的，因而任一对世界的透视都是自己透视自己，那么任一对世界的否定性透视就是否定它自己。这就像"任一规则都有例外"这一规则一样荒唐。因为我们整个地在这个世界之中，如果我们否认这个世界的价值，我们也就否认了我们自己的否认的价值。如果我们给这个世界判死刑，我们也就给我们这种死刑的判决判决了死刑。（WP293；HHI：29）虚无主义颠覆它自身。

从自我否定到客观性

从禁欲主义的超自然主义出发，在世界之中的人的心灵弃绝这个世界。如果这样的心灵是世界的部分，它们就是在弃绝它们的弃绝；它们的虚无主义自己否定了自己。唯一有些道理的弃绝这个世界的方法是宣称这种弃绝来自这个世界之外，来自上帝之眼的看法。禁欲主义的超自然主义最有力的策略是说：它对世界的仇恨是神圣的启示，虚无主义（例如，基督教）是上帝的绝对真理。尼采反击说，没有任何绝对真理。（WP540）

有些句子有一种以上的解释。例如，"Ronald Loves jelly beans more than Nancy." 有两种解释：它的意思或者是"罗纳德比南希更喜欢豆酱"；或者是"和喜欢南希比较，罗纳德更喜欢豆酱"。没有进一步的信息，没有任何办法判断哪种解释是正确的。仅仅给出这样一个句子作证据，两种解释同等地有效。尼采认为这个世界就像一本有歧义的书，它有各种不同的解释。（GS373）以这个世界作为证据，它的不同的解释同等地有效。存在是多歧义的，有无限多的同样真实的视角。（GS124，374；WP481）

尼采否认有任何关于世界的客观真理；结果，他否认有任何关于世界的主观真理。尼采通过用主观主义反对其自身来否认任何主观主义："你们说，任何事物都是主观的；但是即便如此，也只是一种解释。"（WP481）但是，否认有任何客观的解释不等于否认客观性；他将客观性定义为所有视角的协调一致。（GM3：12；WP556）真理是多元的这一理论完全说得通。它所说的关乎逻辑事实，而不指真理是唯一的。

尼采认为，有很多同等科学并同等有效的解释经验事实的方式，经验事实是指我们用感官和仪器所经验到的自然现象。例如，两个科学家可能共同认为自然进程是可以计量的（这样，数学在科学中就有用），但是，他们可能是出于非常不同的原因而持相同主张。一个人可能说，自然进程可以计量是因为自然事物最终是不可改变的原子，它们的行为由一般的规律所决定，而其行动的结果就是经验事实。另一个人可能说，这些进程可以计量是因为自然事物最终都如此独特。这是对同样事实的两种非常不同的解释。（BGE22，BGE15）

在物理学中，有很多种版本的量子力学。[⑦]每一种对我们物理宇宙持一种特别的结构。然而，以同样的数据输入，它们都产生同样的输出预测。由于它们都同等地很好地解释它们所要解释的事物，它们就都同等地具有科学性的真实。尼采认为，世界没有任何必要将一种解释抬高至另一些解释之上，因为最终说来它们没有不同。（BGE9）

尼采认为，科学是宗教迷信的矫正器。但是他并不认为科学理性是自为的终极。科学理性导致一种中立的客观性："客观的人实际上是一面镜子……他的镜子一样的心灵最终能将自己抚平，不再知道什么是肯定，也不再知道否定；他不发号施令，也不去破坏……客观之人是一件工具，一件贵重、易坏和灰色的测量工具和反照艺术品，人们应当予以尊重。但是，他不是目的、不是出路、不是上升、不是恭维之人。"（BGE207）客观性是一种实现，世界不再有外在。（TI6：8；WP708，765）它是"伟大的解放"，它恢复了"生成的无辜性"。（WP552，765；D13）然而客观性的中立性并不是目的。它只是通往自我反映、绝对肯定的一个步骤。

从客观性到自我肯定

尼采用他的狄奥尼索斯自然主义反对禁欲的超自然主义。狄奥尼索斯自然主义主张，对于世界仅仅只有内部的透视，禁欲主义的超自然主义事实上是自我否定，是一种很坏的自我透视。它是一种道德病态、仇恨生活、仇恨世界的透视。

狄奥尼索斯自然主义"使不平的灵魂变得平滑，并使它们产生新的欲望——仍像一面镜子一样躺着，深深的天空映身于它们之中"（BGE295）。狄奥尼索斯映照是对世界的真实的自我解释；它不是一种特权式透视，而只是对任何透视的肯定。它可以从任何一个角度出发，对世界作出没有任何扭曲的、消极性的、极其准确的反映。

如果任何一幅内在的图影是准确的，那么它包含着对自己的复制。如果任何关于这个世界的图影在世界之中，那么它就位于这个世界之中的某个地方，而且这个地方也在这个图影上。因此，在位于世界图影相应的地方上，有一个对世界图影的图影。如果这个图影是真正准确的，它对自己的复制又包含一个对自己的复制。如果图影极其准确，某种真正奇特的事情发生了：它包含着对自己的复制，而复制者又包含着对自己的复制，如此下去，直至无穷。由于任何真实的内在的图影是极其准确的，任何真实的内在的图影包含着一个无穷的复制自己的进程。但是这种情况下，所有的复制品都是非常一致的。它们是相同的。尼采对这种相同性的命名是永恒循环。它是对世界的极其完美而真实的自我反映。

狄奥尼索斯自然主义将心灵从禁欲主义的自我堕落中解脱出来："于是被解缚的精神以一种快乐的、充满信任的确定性站在宇宙之中，相信只有那些分离的、个别的事物将被抛弃，而在整体上，任何事物都将被救赎、被肯定。"（TI9：49）

注释：

① 关于迷宫，见 GS310, 322；BGE29, 214, 295。迷宫是一种混乱。迷宫是包含着魔鬼的深渊（BGE146）。

② 尼采的对世界的内部概念图影（解释或透视）观点是 20 世纪美国哲学家蒯因的概念图式（Conceptual Schemes）理论的先导。参考蒯因的 "一致性、表象和本质"（Identity,Ostension and Hypostasis），该文收入《形而上学：当代读本》（S.Hales edi, *Metaphysics:Contemporary Readings*, 1st Ed, New York: Wadsworth, 1999）。

③ 关于普特南的内部实在主义的介绍，参考普特南的 "为什么没有一个已经完成的世界"，该文收入《形而上学：当代读本》（同上）。

④ 尼采对可能性并没有太着意，但是他在《快乐的科学》第 374 节中对世界存在无限的自我解释体系的讨论，他在《快乐的科学》第 373 节中对存在的最终不确定性的坚持，他的与权力意志相关的理论，他的机遇理论（D130；GS277, 288；Z3：4, 3：16/3；WP673）和混沌理论（GS109, 322）以及他对循环

的主张（Z3：2/2，Z3：16/3；WP1066），都表明他有一个丰富的关于可能性的理论。

⑤ 世界在空间上是闭合的（WP1067）。尼采永恒循环理论（GS341；WP1060-1067）主张历史准确地重复自己，这暗含着：时间是一个封闭的圈。尼采主张循环是事件所有可能结合的完全实现的结果（WP1066；Z3：2/2），这意味着世界在逻辑上也是闭合的。

⑥ 尼采经常讨论这个世界对另一世界的反对。参见 TI3：5，3：6，4-7；AC15；WP507，567，568，570，579，583，584，586，592。

⑦ 尼克·赫伯特（Nick Herbert）在他的《量子现实：超越新物理学》（*Quantum Reality*: *Beyond the New Physics*, New York：Doubleday，1985）一书中讨论了对量子力学的 8 种解释。

2

On Nietzsche ———— 宗教

超自然主义

尼采从历史分析推导出他关于宗教的看法。（D95）他表明：宗教始于人企图解释自己的处境。当你经历了痛苦或快乐、成功或失败、幸运或不幸，去寻求对此的解释便是合乎理性的行为。

一种解释是：你走运或不走运。用运气来解释成败的理论在感情上不吸引人是由于以下几个原因。首先，运气太抽象和神秘，不能真正地解释任何事物；其次，运气是非人格的；最后，如果运气是你成功或失败的原因，那么你就面临这样的危险：有你不能操纵的偶然事件。运气在情感上是不能令人满意的。

另外一种解释是：这个宇宙（我们生活其中的这个世界的物质的或自然的部分）受制于因果法则，因此行动产生了由那些法则所决定的结果。但在其科学尚处于原始时期的文化中，那种看法是不可能的，因为他们没有关于自然规律或因果律的概念。（HHI：111；D33；GS86）

因此，最终，原始文化选定了魔力解释。这些是原始宗教的主要成分。魔术的解释包括拟人化手段。自然力以人格化的方式被思考。人被投射到自然之中。要我们将事物当作事物而非当作人来看待，这是十分困难的；我们拟人化一切。（AOM26；GS109；TI6：3）

如果在自然之中有人，那么成功与失败、快乐和痛苦，则是你和这些人的关系，但人与人之间的关系是道德的或政治的关系。幸运和不幸现在有了道德的解释。作为一个孩子，你的父母根据其道德法则来回应你的行为：你的父母因你的良善而奖赏你，因你作恶而惩罚你；因而，幸运是对你的美德和良善的报答，不幸是对你的缺点和邪恶的惩罚。父母被神灵替换。上帝是我们的父。一个人确知的唯一力量就是这种意志，因此，神灵意欲我们成功或意欲我们失败。成功是祝福；失败是诅咒。我们所有的事业都在道德上被评估。

当然，幸运和不幸是用完全专横的方式来分配的："在宗教人士的概念中，全部自然是自觉和任性的存在者的行为的总和：巨大的专横之总合。"（HHI：111）但为了避免这一点成为反对一个人的宗教解释的证据，一个人说神灵的意图对于人是无法理解的。这亦在孩子对父母的关系中有其根源：孩子当然不理解父母施行赏罚的缘由。正因如此，我们不能理解神灵的缘由。

　　魔力超自然主义提出了一个在可见的可触摸的自然宇宙背后的神灵世界。我们和那个神灵的世界的关系颇似我们和梦幻世界的关系，当我们入睡时我们就进入那个梦幻世界。在这个梦幻世界之中，事物魔术般地发生。不存在着法则。我们具有附着魔力的梦幻身体。尼采宣布，原始人类把梦幻世界误作另一个现实：

　　　　野蛮原初文化时代的人相信，在梦中，他正在获得对第二个真实世界的认识：这儿是一切形而上学的源头。没有梦，一个人本无机会把这个世界分裂为两个。灵与肉被分开亦与最古老的梦的观念相联系。同样地，灵魂生命的假设，从而一切对神灵的信仰的起源，皆与最古老的梦的观念相联系。（HHI：5；AC 15）

　　因此，神灵界是通过与梦幻世界相类比而发展起来的。梦界和神灵界是为专断的力量所统治的不合规律的世界。我们并不比我们理解我们的梦那样更理解自然。梦界亦是一死界。死去类似于入睡：因此也许当我们死掉，我们就完全进入了灵界，并且清楚地看见在那里所发生的事物。

由于这一点，神祇和人之间的关系是完全专制的。神祇相对于人类的关系，有如父母相对于孩子、主人相对于奴隶、人类相对于动物的关系。但既然神祇是人，那么一个人就可以谋略性地对待他们：我们能够试图用贿赂和礼物（献祭）或用祈求（祷告）来赢得他们的恩惠。一切都诉诸人的行为来得到解释。正如丈夫打他们的妻子，父母虐待他们的孩子，也许因此，神祇们惩罚那些他们所爱者。如果一个人尽管已经献了祭却仍经受不幸，那么也许是因为这个人献祭献错了神，或者因为其他某位神的嫉妒，或者因为神祇们正处于战争。从这点来说，所有道德上的关系皆是友与敌的关系。

道德超自然主义

为了解释人类的幸与不幸，魔力超自然主义发明了一个位于自然界背后的人格化的超人的神祇世界——一个由灵性之人（有心智和意愿者）构成的超自然的世界。在文明发展的过程中，灵变成了神祇，神祇变成了上帝。对尼采而言，这正是在古代希腊和罗马所发生的。

在更为野蛮的时代，神祇的意志是纯然情感的。神祇是无法律的。但随着社会变得较守法，神祇专横的情感意志因而亦为一种神圣的道德法规所代替。这个神圣的道德法规有某种一贯性：它是一个合理的规则。但这个规则仅仅是约定性的：神祇或灵有一套法律系统，在这个系统之中，人在一个神的法庭中受审并被罚或赏。但这个神的法律系统仍然是个权谋系统——在其中，神祇能被说服：可以做交易，也许神祇可以用一座新寺庙或一次祭祀收买。

多神论比一神论更肯定生命（GS143）。当希腊—罗马的多神论让位给犹太—基督教的一神论时，诸神的多元道德规条转为上帝的绝对道德诫命。向劝说开放的弹性的道德变成了无弹性的规定：一种道德完美的标准——一切人类活动皆以这个标准被衡量。死后，因为我们完美地达到了衡量标准，我们将受到赏赐；又因为我们没有达到衡量标准，我们将受到惩罚。因为这个神圣的道德法则是善的标准，这个超自然的世界，这个由无肉体的灵魂构成的脱离肉体的世界，被授予一切肯定的价值。

禁欲主义的超自然主义

既然超自然界被赋予了一切肯定的价值，并且既然原始的逻辑用互相对立的成对的术语来思考，自然界就被剥夺了一切肯定的价值：只有否定的价值遗留在自然界之上。原始逻辑（错误地）推理道：相对立的事物必然彼此排列一起，并且肯定者不能从否定者生发出来。（HH1：1；GS111；BGE2；TI3：4）例如，毕达哥拉斯主义者提出了一张十对对立者组成的表：良善／邪恶，男性／女性，光明／黑暗，左／右，诸如此类。

因而宗教的头脑如此推理道：自然的和超自然的是互相对立的；善与恶是相对立的；如果超自然的是善的，那么自然的就一定是恶的。自然的世界缺乏一切善。它是邪恶、错误、虚幻、丑陋的世界。超自然界则是良善、正确、真实、美丽的世界；尘世是一种中间地带，悬在良善的天堂和邪恶的地狱之间。因而尘世甚至不是邪恶的：它是无价值的。

禁欲主义是对超自然界的爱加上对自然的世界的恨恶。禁欲主义恨恶尘世、恨恶身体、恨恶生命、恨恶性。但既然禁欲主义者是生活在尘世的、有身体并有性欲的人类，那么禁欲主义就是一种自我厌恶、自我仇恨、自我否定。禁欲主义者是不积极的。禁欲主义者将他们的行动转向内心来反抗他们自己，因而他们是消极的。（GM2：11-12）禁欲主义者是不能够"使他们自己摆脱自我厌恶，摆脱对尘世和对一切活物的仇恨的人；是加尽可能多的痛苦于他们自己，在痛苦之中得到快乐的人——也许那是他们所知道的唯一一种快乐"。（GM3：11）禁欲主义是一种不结果的受虐狂。

宗教的超自然主义和禁欲主义

尼采不仇恨宗教。他仇恨宗教的超自然主义和禁欲主义。超自然主义宣布：另一个世界是不自然的；另一个世界是反自然的。禁欲主义则补充说：一切价值存在于另一个世界；因而，自然的世界没有价值，它是无价值的。

尼采不认为禁欲主义的超自然主义是全然否定性的。它是来自世界内部的关于世界（和在世界之中的人类生活）的透视。（TI5：5）尽管它假装从客观外部的观点来看待世界，它实际上是来自内部的观点。没有任何内部性的透视是绝对否定性的。因为如果任何透视是绝对否定性的，它就反驳了它自身。甚至在禁欲主义的超自然主义之中，尼采也发现了某种肯定的东西（GM3：13）：它是精神上病态的人或文明，或者在自我毁灭的过程或者在恢复的过程中所采用的透视。禁欲主义的超自然主义的确反驳了它自身，或者通过自杀或者通过康复。

反对基督教

尼采认为超自然主义和禁欲主义在基督教中最深刻地走到了一起。尼采认识到基督教有某些肯定的效果，但他认为基督教总体说来是否定性的。它没有向正在经受痛苦的人们提供有效的解决方法，却提供了天堂的麻醉性的幻象。

基督教是否定性的主要是因为：它否认了在这个世界之中的生命的真实、现实和良善——在物质宇宙之中的实际的尘世上。反而，它肯定了超自然的灵或灵魂世界的存在与价值。灵界被否定性地界定为非自然的和反自然的——像自然的被倒置的镜像或摄影底片一样。基督教试图说服人们仇恨自然、尘世、身体——通过坚决主张：灵界是真实的、现实的和良善的世界，而此世是错误的、虚幻的和邪恶的。

一切当中最糟的是：基督教在灵界中建立了天堂和地狱之间的对立，结果是我们害怕地狱而期望天堂。结果，我们落到了此世中教士真实的社会和政治控制中。基督教可能是幻想，但当人们以基督教信仰行动时，他们真实的行动则有真实的结果。

基督徒相信世界将终结于善与恶之间的启示录所预示的毁灭尘世的战役。在沙漠中的岩洞内等候启示录所预示的毁灭的基督徒是绝对愚蠢的。一个信仰天启并且控制着足够毁灭尘世间一切生命的核武器的基督教国家是危险的。

基督与基督教

令人惊讶的是，尼采对基督持有十分肯定的态度。他认为基督教歪曲了基督自己的教训："基督过去否定的是什么？

就是今天被称为基督教的每样东西"（WP158）;"耶稣讲道反对的恰恰是教会——并且他教他的门徒为反对教会而战斗"（WP168）;"基督徒从未将耶稣规定他们去做的行动付诸实践"（WP191）;"基督教的错误在于它不做基督命令的应当被做的所有那些事情"（WP193）。

尼采把耶稣看作一种类型的革命者，一个"神圣的无政府主义者"（AC27）——他试图推翻犹太教教士制度。①尼采说耶稣"从未有过否定'此世'的任何理论……否定此世对于他恰恰是全然不可能的"。（AC32）尼采把耶稣作为一个自由的心灵，作为一个肯定的人来描述（AC27-35），并且甚至说基督是"最高贵的人"（HHI：475）。他把耶稣描绘成是超越善与恶的："耶稣对他的犹太人说：'法则是为奴仆预备的——如同我一样爱上帝，我是他的儿子！对于我们，上帝之子，道德与我们有何相干！'"（BGE164）

对基督的教训的歪曲是由圣保罗、神父们和圣·奥古斯丁完成的："保罗大规模地再次树立了恰恰是基督通过其生活方式已经废除掉的东西。"（WP167）尼采反基督教的内容之一就是反对保罗对基督教的歪曲。（D68）确实，尼采宣布"如保罗创造的那样的，上帝是上帝的否定"（AC47）。保罗把基督的快乐的智慧变形为反世俗的禁欲主义（GS139；AC58）。通过保罗，对世间的深刻的仇恨进入了宗教。在现时代，尼采认为路德——创立新教的 16 世纪德国人——推进了这种仇恨（GS148）。

基督教的禁欲主义的超自然主义

超自然界包含了一切真价值（肯定的和否定的两者）的理论导致基督教宣称：超自然界是一个补偿的世界。上帝的公正补偿了基督徒在尘世所受的一切的不公正（而根据超自然主义，一切不幸皆是不公正）。基督徒在尘世经受的不幸只是表面的，它们是幻象。但很快上帝将真正地报答和真正地惩罚。不能在尘世获得成功，基督徒将在天堂受到报答。不能在尘世得以报仇，基督徒将在天堂得到补偿性的报仇。

尼采引用了特塔利安（Tertullian，基督教会的一位教父）的一段话，在这段话中，特塔利安描绘：在天堂里，眼看着过去迫害他们的罗马人在地狱中受折磨，基督徒将有着虐待狂似的快乐。（GM1：15）特塔利安的邪恶的残忍是极显著的。尼采强调了基督教复仇心重的这一方面。他认为它是仇恨的宗教，而不是爱的宗教。

根据基督教，把我们束缚于这个世界的一切事物都是邪恶的，尤其是性。性使我们不是去爱某个只存在于幻想之中的神祇，而是去爱人，并且不是去爱他们的灵魂，而是去爱他们的肉体。性导向人们担忧他们在尘世中的孩子的未来，而非担忧某人的灵魂在超自然界中的未来。但是，如圣·奥古斯丁所发现，性冲动能使人生病。贞洁并不是要争论的问题，关键是驱动它的态度。根据尼采的观点，对性的清教主义的仇恨本身就是一种性变态。

哲学的禁欲主义的超自然主义

如同他因为其禁欲主义而指责基督教一样，尼采亦指责哲学。心灵的禁欲主义的败坏始于巴门尼德——他说一切变化都是幻象。（PTG9）苏格拉底延续了这种败坏。（TI2）苏格拉底也败坏了柏拉图。（GS372）所有古代思想家中，只有赫拉克利特保持了清白。

古代最极端的禁欲主义哲学家之一是罗马思想家普罗提诺。普罗提诺的作品结集在一本叫作《九章集》的书中。根据普罗提诺："肉体中的生命本身就是一种罪恶"（《九章集》I.7.3.20-23）；"灵魂由于和肉体混合而成为邪恶"（I.2.3；I.6.6）。对于我们尘世的肉体我们所采取的态度，应当和园丁对一棵植物的腐败部分中的蛆虫所采取的态度一样（IV.3.4.29-33）；②"今生的生活和尘世的事物是一种飞翔的下坠、失败和无力"（VI.9.9）。既然尘世的肉体生活是邪恶的，我们的目标就是逃离斯世："既然邪恶是此世……并且逃离邪恶是灵魂的计划，我们就必须逃离此世。"（I.2.1；III.6.6）我们的目标是"把我们从被异己所包围的今生——一种在尘世的事物之中不能获得快乐的生活中解放出来"（VI.9.9-11）。就尼采而言，这样的禁欲主义绝对是疾病。远非在精神上是好的,它在精神上是坏的。禁欲主义是一种病,它是人类精神的疾病。

科学的超自然主义

随着科学的出现,人们认识到自然背后的因果秩序不是道德秩序,而是数学的秩序。世界没有道德秩序(D563;TI7:1;WP258);神圣的标准不是道德的。道德行为对自然力不起作用。例如,宗教仪式(例如祷告和献祭)不影响气候、健康、经济或战争。

科学宣布:世界秩序是非人格的机械的,不是精神的。如果你生病了并且你想好转,那么你应当到医生那儿去,而不是到教士那儿去。你当吃药,而非祷告。祈祷也许有实际的效果,但那是由人的情绪引起的,而非由上帝引起的。技术是有效果的;神奇的宗教仪式则没有效果。人的幸与不幸由机遇——偶然事件,而非神迹来解释。数学是非人格的。科学用这种方式解释自然,几乎等于说自然是非人的和非道德的。

科学看似反对超自然主义,但它的自然主义也不是完全肯定的。科学没有全然摆脱超自然的世界,因为它有着自己的信仰。理论上的实体和力量,如原子和重力就构成科学的超自然界。这些是在生物学上有用的杜撰,它们并不存在。(GS112,

121）科学的唯物主义是一种禁欲主义的信仰：

○
> 从信仰科学所预设的那种胆大而终极的意义来说，那些信仰者由此也肯定了另一个世界，不是生命、自然和历史的世界的另一个世界。只要他们肯定这"另一个世界"，他们难道不会以同样的原则来否定此世——我们的世界？这仍然是一个形而上学的信仰，我们对科学的信仰就倚赖这个形而上学的信仰……这是柏拉图的信仰，即上帝是真理，而真理是神圣的。（GS344，373）

本质的变化在于这个超自然界不是一个道德的或情感的世界。宗教教士为科学教士所取代。科学教士信仰科学。往往，他们的信仰和此前的基督教信仰有着同样的结构。

例如，20世纪美国物理学家弗兰克·泰普勒（Frank Tipler），他写了一本名为《关于永恒性的物理学：现代宇宙论、上帝和死者复活》③的书。泰普勒意欲用技术来获得一个和基督教禁欲主义的价值一致的未来。又如20世纪美国研究机器人的科学家汉斯·莫拉维克（Hans Morarec）④，他把灵魂作为数学程序来考虑并且把身体的复活描述为机器人似的行为（你的心灵被从你的大脑复制下来并放入一个机器人的身体之中）。莫拉维克是一个真正的禁欲主义者。他赞许地谈论心灵和肉体的分离。⑤人的身体是邪恶的。泰普勒从莫拉维克那里得到他大多数的观念，但他们两者都从圣·保罗那里获得他们的观念。只有禁欲主义的价值能导致大规模杀伤性武器的发展，用这样的工具，基督教的启示录所描述的毁灭也许会变成真的。

尽管科学的超自然主义有基督教的旋律，但它和基督教并不十分相同。这个超自然界，人们使它带有情感上的价值（人对天堂的希望和对地狱的恐惧），它是不孕的。它仍然是人格的，但其人格是冷淡而理性的。上帝变成一个无情感的算计着的超心灵，而不是一位心系众生的神。科学的超自然主义迅速导致了虚无主义。剥去其情感上的温情，超自然界就变得如虚空一样无法孕育。

基督教上帝之死

尼采宣告上帝死了。（GS108，125，343；BGE55）他不是宣告上帝死了的第一人。拉尔夫·沃尔多·爱默生，这位19世纪的美国思想家说："人们谈及启示时把它们看作某种早已过去了的东西，好像上帝已经死了似的。"⑥

当尼采说上帝死了时，他意指：我们最熟悉的关于上帝的理论，关于上帝的基督教、柏拉图理论，不是真实的，因为它不描绘任何现实的事物。它甚至没有意义。他否认与基督教、柏拉图的上帝相当的任何事物的存在。他否定有神论。（HHI：
25，I：28，I：245；AOM225；BGE53）

有神论表达了某种像这样的东西：上帝是某个唯一的、永
恒的、有人格的、全能的、有智力的、全知的、诚实的、道德
上良善的、关爱的、有目的的、至高无上的存在。如果喜欢的
话，你可以加上有知觉的、男性的和"三位一体"的。尼采否
认存在着任何这样的上帝。

你也许会说尼采是一位无神论者。许多人那么说。我认为
说尼采否认基督教、柏拉图的上帝理论和说他否认任何神圣
事物的存在这两种说法中，前者比后者更准确。尼采本人十
分怀疑无神论。他说："基督教道德的上帝是站不住脚的：因
此导出了'无神论'——好像不会存在别种的神。"（WP151，
1005）

有神论和无神论之间的区分，无论如何，是一个基督教的
杜撰。基督徒们宣称：或者是我们的上帝或者没有上帝。但你
无须为了信仰上帝而信仰基督教。你可以全部否定基督教并仍
然信仰上帝。在那种情形中，你只是不信仰基督教的上帝。你
可以是反基督者和反基督徒者而不是反上帝者。对于是宗教徒
但不是基督徒的任何人，这是一个重要的论点。基督教不是唯
一的宗教，基督教的上帝不是唯一的上帝。

说尼采是一个无神论者，就把他的思想简单化到了渺小平
庸的地步。这也使他的哲学庸俗化了。正如太经常发生的那样，

尼采强有力的但奇怪的概念被强行归入耳熟能详的范畴。如果你知道他是一个无神论者，那么你实在无须不厌其烦地去考虑关于上帝他说了什么。与其说他是一位无神论者，不如说尼采的哲学是超越神论。在超越神论中的"超越"表示的意思是："在……之外"或"在……之后"。超越神论不是有神论或无神论。超越神论否定了有神论的反面——无神论。

尼采更想把我们从上帝被使用之处救赎出来——和他想否定上帝的存在相比。迄今为止，上帝已然被用于"玷辱天空，遮暗太阳，投猜疑于快乐之上，剥夺掉希望的价值，麻痹掉活泼的手"（D41）。禁欲主义已然用仇恨传染了上帝。尼采宣告我们必须洁净"甚至在这种污秽之中的上帝"（WP765）。

虚 无 主 义

虚无主义保持了自然和超自然的对立，甚至尽管超自然的世界已经失去了。虚无主义者（错误地）这样推理道：好的价值的家园失去了，因此那些价值亦必然失去。一个人习惯于爱天国而恶尘世，现在一个人不能够爱天国，因为不存在天国，但一个人仍然能够恶尘世。尘世摧毁了天国，因此一个人能够愈加恶之。

根据尼采，禁欲主义和基督教就像酒精或海洛因。它是麻醉人的抗抑郁剂。（GS147；WP30）如别的麻醉药一样，基督教使人上瘾。我们的文化已经染上了 2000 年的毒瘾。虚无主义是后遗症，是痛苦的退缩。

虚无主义可以是积极的：虚无主义者因为天国的丢失而寻求对尘世的报复。或者，虚无主义可以是消极的。虚无主义者已经失去了给他或她的不幸的补偿，因而不幸也就不再是有意义的。虚无主义者已然丧失了安慰、希望和在情感上忍受尘世生活方式的巨大源泉。因而虚无主义者愈加恨恶尘世，因为他或她现在处于痛苦之中，并且不存在麻醉剂。虚无主义者仍然需要一位拯救者，仍然需要一种治疗，既然这人仍然是生病的。因此他或她从别处寻求拯救：在艺术中（浪漫主义），在科学进步中，或者在革命中（因而，弥赛亚的社会主义是基督教虚无主义的一个版本，TI9：34）。也许，虚无主义者将在人类精神中或在他或她自己的自我中找到拯救（存在主义，世俗人文主义）。尼采所意欲的是虚无主义者战胜禁欲主义：去停止否定这个世界、这个尘世、这个身体、这个生命；去克服他或她的毒瘾；去对生命说"是"！

佛　教

像佛教这样的宗教能够帮助虚无主义者脱离他或她的禁欲

主义毒瘾。尼采常常用佛教来反对基督教，他对佛教抱有极其肯定的态度。他认为佛教是一种悲观主义的宗教，即它是虚无主义的。但他亦认为它是不受基督教的荒谬教条和禁欲主义的超自然主义的束缚的。尽管是悲观主义，佛教是头脑清晰的和清醒的。尽管是虚无主义，它是高贵的宗教：

佛教比基督教要现实一百倍——它有着冷静而客观地提出问题的传统……它一出现，"上帝"概念就已经被废除。佛教是历史上唯一真正实证的宗教……它已经——而这深刻地将其从基督教那里区别开来——将道德概念的自欺抛在身后，用我的话来说，佛教站立在善与恶的彼岸。（AC20）

然而，尼采不是佛教徒，并且不是为佛教做广告或意欲使你皈依它。佛教是虚无主义的，而尼采要的是肯定的宗教态度。

反对虚无主义的宗教

尼采并不反对神圣的存在。他不否定神圣。完全相反，他有一套复杂而精致的神学理论。他否定的是基督教的上帝，尤其是在新约圣经中为圣·保罗所支持的那个上帝：

> 　　使我们分开的不是我们在历史中，或者在自然
> 中，或者在自然背后没有看到上帝，而是我们发现：
> 那被尊为上帝者并"不像神"，而是可怜的、荒谬
> 的、有害的，不仅仅是一个错误而且是对生命的犯
> 罪……如保罗创造的那样的上帝，是对上帝的否定。
> （AC47）

　　根据尼采，基督教的上帝概念既在逻辑上又在道德上是支离破碎的。它是一个败坏的上帝概念：

> 　　基督教的上帝概念 —— 作为病人的上帝的上
> 帝，是发生在世上的最腐败的上帝概念之一：可能
> 它甚至代表上帝类型中的发展水平最低的。上帝堕
> 落成与生命矛盾、而不是生命的美化和永恒的是！
> （AC18）

　　尼采不只停留于攻击基督教上帝理论。他有用以替换基督教上帝的某种肯定的事物。他有狄奥尼索斯式的关于神圣的理论，尽管那个理论没有任何神。他以这样的话语总括他的整个哲学，"狄奥尼索斯对被钉十字架者"（WP1052；EH15：9）。狄奥尼索斯是一位古希腊罗马的异教神。狄奥尼索斯是本能的神，狄奥尼索斯是肉欲的神。尼采说"异教徒是所有对生命说是者"（AC55）。

没有什么比认为尼采意欲人们去崇拜狄奥尼索斯更糟的
了。狄奥尼索斯不存在。尼采不想我们把狄奥尼索斯竖立在老
死了的上帝的宝座上。摆脱上帝是容易的；摆脱上帝的宝座，
即上帝在你的思想和行为中所占据的地方，可就难得多了。你
可能几乎放任何事物于上帝的位置：你可以在那儿放置人文、
道德、宇宙或者你自己的自我。你甚至可以让那个宝座空着并
把虚无当作上帝来看待。（BGE55）但你不能够把狄奥尼索斯
放置在宝座上。因为狄奥尼索斯不是一位神或甚至一个东西。
狄奥尼索斯是一种生活方式。狄奥尼索斯是"是"！

禁欲主义的超自然主义的替代

对于尼采，最终的哲学问题是关于人的苦难的问题，关于
人的幸与不幸、成与败、道义上的乐与苦的问题。尼采非常清楚：
时间的变迁将毁掉对我们每一个人都有价值的一切事物，它将
摧毁我们的身体、情侣、家庭。它将摧毁那些我们最爱的事物。
对于人类苦难的问题，有着很多的反应。第一种反应是禁
欲主义的超自然主义：对自然的世界的否认和恨恶，对虚幻的
反自然的世界的肯定与爱，对某人的苦难和不幸进行补偿的要
求；对人的苦难问题的第二种反应是遗世独立。一个人拒绝在
这个世界之中有任何情感上的参与或纠缠。这是佛教徒的或伊

壁鸠鲁主义者的反应。既然这些回应拒绝了变化的世界，尼采不喜欢它们。但他的确说它们是比禁欲主义的超自然主义好得多的反应。

第三种反应是斯多亚主义。斯多亚们是古代希腊和罗马的哲学家，他们教导说：宁静或泰然是理想的道德状态。泰然（无动于衷）是这样一种状态：在这种状态中，某一人不对某一人的情感作判断。它是一种道德上中立的状态。尼采认为这比遗世独立要好，并且他将它推荐为通向他自己的肯定的理念的阶石。这里是来自马可·奥勒留的一段肯定的段落，马可·奥勒留是斯多亚派的哲学家，亦是罗马皇帝：

就像波浪对其撞击又撞击的海岬：它坚定地站立，直至旋即围绕着它的水的喧嚣再次平息并归于安息。"我是怎样的不幸，这竟然发生于我！"决不这样说，宁可说："我是怎样的幸运啊，它听任我没有苦痛；不为目前所动摇，并且不为未来而沮丧。"这种事情可能发生于任何一个人，但不是每一个人都不会显露出苦痛。因而为什么把这种情形贬低为不幸，而不是将其归于另一种好运气呢？……因而，当任何事情引诱你去感到愁苦时，这里你应该记住一条规则："这是一个不幸"，但"高贵地忍受这个不幸则是幸运"。⑦

绝对的肯定

尼采自己对苦难问题的反应是：绝对肯定所发生的一切。存在的终极道德原则是肯定：存在比不存在更好。对每个可能性说是，肯定每种命运。

代替肯定某个超自然界，尼采说我们应该肯定这个世界。这是宗教自然主义。尼采认为古希腊宗教接近自然主义。代替否定我们的生命、我们的身体、我们的性欲、我们的尘世，我们应当肯定我们的生命、我们的身体、我们的性欲、我们的尘世。我们应当肯定我们的命运。他名之为 amor fati：命运之爱。他将宗教的自然主义加上命运之爱命名为狄奥尼索斯。⑧

尼采认为我们应当肯定发生于我们的一切，无论其如何令人快乐或痛苦。我们应当"没有削减、没有例外或没有选择地"（WP1041）肯定。肯定不是一种感受或一种情感上的反应。肯定和感情没有任何关系，肯定是一种道德判断：你肯定，不管你感觉到什么。尼采认为我们应当既肯定感觉好的东西又肯定感觉糟的东西。感觉不是道德事实。

你可以感觉到生气但却并不生气；你可以是幸福的而没有感觉到幸福；你可以是肯定的，当你经受着地狱般的折磨时。痛苦是被动消极的；肯定则是积极的。尼采的洞见是：我们的情感并不赋予我们作道德判断的权利。肯定的反面是定罪。只是因为某种事物伤害了我们，只是因为我们经受痛苦，我们并不因此具有给这个世界定罪或要求补偿的权利。

代替报偿的形而上学理论（那是对生命施行报复的一种狂想），尼采发展了另一种形而上学理论：历史，以一种宏大的尺度重复它自身。他表明：我们将再次活着——但不是在任何别的世界。我们，作为由人构成的动物，将返回我们的人生，以我们自己的肉体，在这个尘世上，因为宇宙的历史重复它自身。这是他关于永恒回归的观念。它是一种没有任何审判、补偿或惩罚的复活。

尼采鼓励那种世俗的自我中心的希望：信仰这个世界，这个尘世、这个身体。永恒回归是这样的信念：你的报偿是在今生，在这个尘世上，以这个身体。永恒回归是信仰这个肉体的不朽。只要你赞成某事，就希望某事吧。（EH 5 ∶ 2）永恒回归是对真理友好而肯定的信念。让向往真理的意志驱动你所有的希望抵达"是"。

注释：

① 复活的观念（最初不是基督教的，但变成了基督教的一个中心教义）在很多方面是肯定世界的和肯定生命的：它肯定肉体的在尘世上的生命而非肯定在另一个世界之中的任何非形体的灵的抽象存在。尼采的永恒回归理念预言了身体的复活。那就是狄奥尼索斯式的复活。

② 见 S.R.L. 克拉克《普罗提诺：身体和灵魂》，收于 L.P. 杰生编辑的《剑桥普罗提诺指南》（Cambridge:Cambridge University

Press，1996），P.275-291；关于狂想，见 P.284 和 P.289。

③ F. 泰普勒:《关于永恒的物理学：现代宇宙论，上帝和死者复活》
（New York: Doubleday, 1994）。

④ H. 莫拉维克:《心灵孩子：机器人和人工智能的未来》（Cambridge,
MA: Harvard University Press，1988），尤其在第 4 章。

⑤ H. 莫拉维克"在人性之中正在到来的分离"，《全球评论》63 期，
1989 年夏季号，P.13；亦见 G.J. 苏斯曼"身体作废了吗?"，《全
球评论》63 期，P.16。

⑥ R.W. 爱默生:《散文、演讲和诗歌选》中的"神学院演说"（New
York:Bantam Books，1990），P.115。

⑦ 马可·奥勒留:《沉思录》，第 4 卷第 49 节。

⑧ 尼采将这种丰富性等同于狄奥尼索斯（TI3 ：6，9：49，
10：4-5；EH5：1-3，10：6-8；WP1019，1041）。

3

On Nietzsche —————— 知识

认知的进化

当论及知识和认知时，尼采严肃地看待达尔文。认知演进着。结晶体显示出前认知的能力，因为它们扩展它们自身的样式，使得围绕它们的熔化流体成为它们自身的样式。（WP499；PT110，P.39）活细胞扩展它们自身的样式，使其他物质成为它们的样式——当它们吸收营养物时。这样的扩展是具有认知能力的，因为这种扩展同化那不同者并转变他者成为同一者。（WP500，510，511）进化的力量使有机体变得越来越复杂，而有机体的认知能力也随着其机体而在复杂性上增进着。

最基本的认知行为远在进化链条之初就起源了。植物具有原始的刺激——回应反射及原始记忆。（PT 97，P.36，101，P.37；WP544）对于植物，"每一件事物都与它自身同一。正是从较低等的有机体时期中，人继承了这样的确信：存在同一物"（HHI：18）。

随着认知进化，活的物质系统作为宇宙的部分变得越来越意识到它们的环境。这个进化进程在人类的自我意识之中达到了顶点，在人类的自我意识之中宇宙的部分意识到了整体——它是其一部分的整体。人类这种动物是能映照整体的整体中的部分。（PT102，P.37-38；见 HHI：2，1：10，1：16）

人类心灵不从宇宙的外部，不从任何"上帝之眼"来映照宇宙，因为人类心灵从世界内部进化而来并且从内部映照世界。当然，随着人类心灵更为清晰和完全地映照整个世界，随着人类知识越来越真实，它必定亦映照自身。如果其映照变得绝对准确，以至这面镜子完美地反映了全体，那么它就变成一个无限的自己套自己的反映系列。

真理 VS 实用

只要宇宙的任何部分观照整个宇宙，它是以某种透视方式来这样做的。证明任何已进化了的部分对整体的透视是"真实的"的证据是：其透视已经促进了其进化。进化出来的透视是对于它们自己的进化有用的那些透视。

尼采说："对于一个特殊的种群，要维持它自身并增加其力量，其关于现实的概念必须包含足够的可计算的和恒定的事物，以使这个种群把一个行为计划建立在这个概念之上。"（WP480）对那个种群来说，这样的可计算性是"真理"。所以，"对于植物，整个世界是一株植物；对于我们，整个世界是人类"（PT102，P.38）。的确，尼采猜测一个人非人格地看待事物——把它们看作事物而非看作人——几乎是不可能的。（AOM26）我们把非人类的现实人格化：我们解释非人类的事物的行动恰像我们解释人的行为。为什么风摧毁我们的庄稼？因为天空之神向我们发怒。但为什么天空之神向我们发怒？因为我们得罪了他。以情感（愤怒）和道德反应（得罪）的词语来解释自然现象。尼采说，我们采用这种人的透视，这并不随着先进、抽象、规范的科学的发展而停止。（HHI：37）

我们人类的透视在生物学上是圆满而成功的，而其他种群的透视则不。虽然在某种最终的意义上可能存在着比我们"更真"的透视，但正在进化着的那些更真的透视的有机体没有幸存下来，以至无法采用那些更真的透视。（GS111）因此那些更真的透视是击败自我的：迄今为止它们尚未证明——至少在地球上——它们有能力存活，因而它们的真理否定了它们自身。既然关于宇宙的每一样透视都取自于宇宙之中的某种背景结构中，那么实现了自我的真理被其自身在背景结构中是否有用所限制——不存在着真实性高于有用性的透视。任何真实性高于有用性的透视都灭绝掉了。

我们的"真理"不过是信条，不借此我们无法生活下去。全部人类知识（包括我们最先进的科学和数学知识）不过是一个命题体系，这个命题体系和那种缺了它们像我们这样的人类动物就不能存活的命题一致。（GS110）如果我们说一个命题是真实的，那么我们表示的意思仅仅是它与我们的生命保存的误见相一致："究竟什么是人的真理？不过是人的不能辩驳的谬见"（265）；"真理是一种谬见，缺了它，生命的一个种群就不能够活着"（WP493）；"真理是我们已忘记其是幻想的幻想"（PT，P.84）。

尼采其次提出一个论点，这个论点的冷静的理性是极度令人不安的：他说"生命并非论证"（GS121）；他说"生命的条件可能就包括谬见"（GS121）。这个论点提供给他一个方法：他寻求我们最基本的信条，人类已经认定其为绝对真实的那些信条，并且他要像它们是谬见那样来对待它们。这是一种怀疑主义。（HH1：21）尼采如同恩披里克、笛卡尔和休谟一样是怀疑论者。既然任何命题的真实性为其背景结构的效用标准所局限，那么任何命题都绝对虚假就总是可能的。

保存生命的谬见

尼采提供了他对之抱有怀疑态度的信条的详细目录。谬见的长目录包括：存在着同一的或同等的事物（GS110，11I；HHI：11，1：18，1：19，1：286，WS11）；在时间中，事物是自我同一的（HHI：11，1：18），存在着恒久的事物（GS110，112）；存在着一个自我（BGE12，17，19）；存在着自由意志（HHI：39；AOM50；BGE18，19，21）；存在着原因和结果（GS112，121；BGE21；WP545-552，554，617）；存在着抽象的数学对象诸如点、线、面或者理论上的科学对象诸如微粒、时间单位、空间单位（GS112，121）；存在着自然规律（AOM9）；什么对我是好的，其自身也是好的（GS110）；人类优越于动物和自然（GS113）；人类道德体系是永恒的，存在着一个绝对的对与错（GS113）；在这个世界以外存在着另一个世界（GS151）。

对同一性和同等性的虚构

感觉将其经验等同化，它使刺激变模糊并且在相似的基础上把它们分类组合在一起形成虚构的单元。那些不通过忽略掉细节以将相似的刺激视为同等的动物，必须完成更多的刺激认知过程以产生它们的行为，因而它们较慢，因而它不足以获取食物并且不足以逃避捕食者；因而它较少有希望存活并产生后代，尽管它们感觉认知更真。（GS111）等同相似物的感知错误从而同等反应具有更大的生存价值，因此进化通过自然选择强化了这个错误。

通过将独特的个体模糊化并总合成为一个单一抽象的思想意象，虚假的感知产生概念，这概念是这样的：

> 每个概念起源于不等同之物的被等同。正如一片叶子和另一片叶子绝不会完全相同是确实无疑的，因而"叶子"这个概念是通过专断地去掉这些个体的差异和通过忽略掉这些有区别的方面而形成的……通过漏掉个体的独特性，我们获得这个概念。（PT, P.83）

通过错误的身份认同或虚假的等同化，概念发生了，这导致了支配感知世界的概念世界的崛起。概念因此被投射到心灵之外，因而投射者断定抽象对象的存在：柏拉图式的形式。这些形式被认为是不变的和永恒的，既然形式是不变的，形式的任何真实理论就是绝对真实的、完全可靠的和有用的。形式的世界变成了真实的世界。身体的概念化，以及将那个概念作为一个真实的形式的错误投射，导致了灵魂不朽观念的产生。因此概念世界是永恒生命之地，在那儿，行动永远不会被不可信赖的知识所挫败，并且在那儿，一切价值永远不会由于毁坏而丧失。这个真实的世界是天堂。当然，尼采认为这是迷信：幻想和自欺。但它们都植根于同等和同一的虚构之中。

思想的自我解释

尼采认为发端同一性和同等性的两个最极端的谬见产生于思想的自我解释。尼采如此主张：同一性和同等性为所有的思想所共具，既然思想的内容总是变化的，在所有思想之中恒常不变的全部就只是思想对其自身的关系。因此，一切思想共同的谬见就是其自我解释的一个谬见。

对于尼采，思想于其自身是神秘的，既然关于思考的任何真实的思想导致一个无穷后退，因为那个思想不得不思考关于它自身思考它自身，诸如此类，如一面镜子反射它自身。在其视觉活动之中眼睛不能够看到它自身：因为如果它的确这么做，它仅仅以看见自身看见它自身看见……而告终。既然无止境的倒退从来没有到达任何可见的对象，那么没有东西被看到。视，是不可视见的；思，是不可思议的。它于它自身是神秘的。

为了避免纯粹自我意识的无穷倒退，思想不得不好像它是他者——好像它不是它自身——那样来思考它自身。思想最多能够不直接地瞥见它自身。由于它试图弄懂它自身，思想将对它自身的间接的瞥见投射到它自身之中。思想之自我意象是一解释过程的结果，思想通过这个解释过程归整并组织它自己的活动，将"其过程的多样性"还原为一个虚构的统一——自我（ego）。此外，思想将这个自我投射于自身，以之作为活跃的对心理过程的产生负责任的主体：思想对于什么真正地在从事着思考没有线索，但当思想将它自身指向它自身时，思想变得意识到了某种东西——因此它宣告它所意识到的事物是：灵魂（soul）或自我（ego）或"我"（I）。自我是原初的对象，因为自我是思想的原初对象，所以思想的所有其他对象依据自我来被造型。思想将其具体的活动看作为持久的自我同一的事物。

思想认为自我引起了思，自我有能力使得思想发生。思想认为这种能力是意志。思想宣布自我是能有意志的物，并且这个意志是造成主体运动的力量。当然，这股推动主体的力量对于思想是完全神秘的：你不能够仅仅通过考虑开动你的军队来开动你的军队，你同样不能够仅仅通过考虑搬动一块石头来搬动它。通过它自己的自我解释，思想安置了两个虚构：精神实体（自我）和精神力量（意志）。

当思想转向解释发生在它之中的感觉的混乱时，它自恋地将它的自我意象作为解释那个混乱的基础来使用。当它解释发生在它自身之中的混乱时，思想将它自己的自我意象（自我和意志，对象和驱动力）投射到刺激的混乱当中。人类投射他们的思想：

人将他的三个"内心事实"即意志、精神、自我——他对此比对任何其他东西都更坚信不疑——投射到他自身之外，他正是从"自我"这个概念推导出"存在"这个概念，他根据他自己的意象、根据他将自我作为原因的观念，设立拥有存在的"物"。（TI6：3）

当它投射它的自我意象到刺激的混乱之中时，在表象的另一面思想用它自身制造镜像，认为表象有另一面是一个错误的想象。一个虚构的物质实体或者物自体之中作为经验的隐藏的原因被投射到经验之中。

思想建立起主体/客体，主体/客体在它自身之中分裂，它自身则处于中间，将一个不可知的自我作为其在主体方面的经验的原因来投射，并且将一个不可知的物质事物或物自体作为其在客体方面的经验的原因来投射。

自我和意志的投射

从自我的虚构、思考或推理推导出物的虚构。用自我作为模型，思投射持久的、自我同一的物到感觉的混乱之中"仅仅是根据主体的模型，我们发明了物的现实并投射它们到感觉的混合之中"（WTP552）。思想断定存在着一个客观的外部世界，物质实体的、物自体的或者微粒的客观的外部世界，并且外部世界之中的事物引起了其所经验到的感觉。思想对一切事物"投射其对自我实体的确信，只是如此思想才创造了'物'的概念……仅仅因为有'自我'这个概念才引申性地出现了'存在'这个概念"（TI3：5）。

同样地，"我们相信我们自己在意志行动中是因果的主体"（TI6：3），但那是一个错误。心灵力量的虚构因此被外在化为机械力量，那么物质客体的外在世界是一个被投射的、很多自我按照很多投射的意志互相作用的世界。这整个客观的世界——依据尼采——不过是一个虚假的拟人主义。它是一个外在化的人类社会，因此即使最抽象的科学也无意识地把道德价值判断和社会传统加进其原理。

实体的虚构

自我是一个单一的、整体的事物。基督教柏拉图主义命名这个自我为"灵魂"。灵魂，根据基督教柏拉图主义，是一个原子。（BGE12）物质原子是投射到思想之外的感觉的混乱之中的灵魂原子的外在化。但灵魂原子是一个谬误的自我解释，因而物质原子是一个谬见的投射版。（TI6：3）

在将原子作为现象背后运行的原因来安置时，科学家仍旧确信那个迷信的万物有灵论的信念——在现象背后存在着灵或人格性的存在。对原子的信念仍然是一种拟人化，因而现象背后的这个世界，这个客观世界，只是主观世界的一个投射版。它是科学家的自我意象的投射版，并且它完全相同于较早的、更为明确的拟人化的解释或透视，是一幅宗教的世界图景。唯物主义的物理学的世界图景"和主观的世界图景没有本质的不同：它仅仅是以更广范围的感觉、但仍旧是以我们的感觉来作解释"（WTP636）。

但唯物主义的原子，一如精神的原子（灵魂），是一个幻觉。它被安置来满足一种情绪的需要，（BGE12）一种追问恒常原因的需要。物理原子是一个传统的虚构（WTP624，636）。但唯物主义的原子主义不是唯一的流行中的物理学原理。尼采对 18 世纪的科学家鲍斯科维奇（Boscovitch）的理论感兴趣，鲍斯科维奇把世界看作一个能量关系的网络。感谢鲍斯科维奇，我们能够使我们对于原子和持久的物质事物的迷信信念失效。（BGE12）鲍斯科维奇的看法启发了量子力学方面的许多早期著作。

因果关系的虚构

当原因和结果看似是十分有用并显然真实的观念，它们却很难被准确地确定，以致难以使很多哲学家否认在自然界真的存在着原因或结果。18世纪英国哲学家休谟以其对因果关系的否定而著称。尼采同意休谟，认为因果关系是一个虚构（WP550；GS112）；但他进一步表明因果关系是从意志是一种力量的信念中推论出来的。因果关系是将一个内在的幻觉投射到自我的外部的感觉的混乱中形成的。

原始人认为所有变化都是由有人格的存在者产生的，因此每个事件都是某人的意志。（GS127）人（灵魂或自我）之间的所有关系都是意志的关系，所以被投射的灵魂（原子）之间的所有关系都是被投射的意愿的关系。意愿的被投射的版本是原因和结果。因而科学的世界观，即现象是为力所吸引或排斥的原子的观点，仅仅是古老的迷信的宗教看法的一个被投射的版本，这种宗教的看法认为一切事物皆是人（自我），而唯一的力是意志。

对意志的信念，根据尼采，是一种幻觉。它是又一个思想的自我误释，它是一个心理学上的虚构："'内部世界'充满了幻象和虚假的启示：意志是其中之一。意志不再移动任何事情，因此就不再解释任何事情。"（TI6：3）为此，原因和结果不过是传统的虚构：

⊙ 　　　一个人不应该错误地把"原因"和"结果"这两个抽象概念具体化，如同自然科学家所做的那样

（并且像他们那样使思想"自然化"），这些科学家根据盛行的机械的愚笨这样做，他们竭力挤压催促"原因"直至产生其"结果"。一个人应该仅仅把"原因"和"结果"作为纯概念来使用，那就是说，作为传统的虚构，其目的在于指称和交流而非解释。（BGE21）

尼采最终表明：（1）事物是人的自我的投射；（2）力是人的意志的投射；（3）上帝是夸大了的人的自我的投射；（4）上帝的意志是夸大了的人的意志的投射。因此，根据万物有灵论宗教的迷信的透视，我们将夸大了的心理谬见（自我和意志）投射到宇宙之中，并因此我们在自然现象背后想象一个人类社会。

自然的规则和规律

对刺激的无意识的规整产生了同一事件的反复再现。无意识的心灵不关注细节，它抹杀区别，因而看似同样的系列在重复它自身。心灵发现了闪电—打雷的规律，因为它从一切特殊发生的闪电和打雷之中抽象出一般。这种抽象使事件的行动路线成为可计算的："一个事件的可计算性"……根基于"同一事件"的反复再现之中（WTP551）。[1]同一事件的再现是虚构，思想通过将不同等的事物同等化而将思想投射到其经验之中。因而，规律和抽象的数学（可计算的）规则亦是虚构。

一个事件如其发生的那样发生或与其他事件相联系，这样的事实并不允许我们安置这样一个规律："一个系列事件中的'规则'仅仅是一种比喻性的表达，好似这条规律正在被遵循，这不是一个事实。同样，'符合规律也是比喻性的'。我们发现一个公式，通过这一公式来解释一种恒常反复再现的结果：我们发现其中没有'规律'，更没有一种作为连续的结果反复出现的原因的力。"（WTP632）

几乎没有科学概念像"自然规律"概念那么多地背叛它们的拟人化的基础。法律是社会传统。如果我们认为物理学理论所定的物体服从法则，我们其实是在这样考虑它们：好像它们是人类的自我，具有服从立法统治者意愿的自由意志。（AOM9）自然规律是迷信。

在自然规律的虚构的后面存在着作为最高统治者的自我，其意志是全能的，此即上帝。使用自然法则的虚构的任何科学都陷入魔力的、神学的、社会的和道德的迷信中。原子像是自然王国之中的公民，在这个王国中，上帝是立法者、警察和法官。甚至今天，科学家们经常说他们不是在研究自然而是在研究上帝的心智——上帝的律法用数学语言写成。

尼采认为这样的极显著的拟人说是荒谬的。上帝是一个拟人化的投射，并且自然法则的观念不过是将人类的社会和道德观念投射到非人类的自然当中。自然亦不服从法律，在自然之中"只存在着必然性：无人命令，无人服从，无人违反"（GS109）。

科学理论中充斥着人的政治价值。原子唯物主义是和现代民主政治价值相应的一种世界观。正如一个民主社会是在法律之下的政治上完全平等的个人单元的集合体，因而所有唯物主义的原子在自然律之下都是机械地平等的。（BGE22）我们应该认识到这样的科学是从人性的、太人性的透视来对世界做出解释。

尼采拒绝牛顿机械论的科学。世界不是一台机器："它无疑不是为着某个目的而建构的，而称为一台'机器'向它表示了太大的敬意。"（GS109）一神论者用世界是一台机器的观念来如此地表明他们关于上帝的理论：世界是一台机器；每个机器有一个设计者；因而这个世界有一个设计者，即上帝。这个谬见，当然是一神论者混淆了秩序（仅仅是数学上的秩序）和设计。

尼采的怀疑论的科学哲学说明机械科学是如何从我们的心理学推论出来的："机械理论所有的预设——物体、原子、重力、压力和张力都不是'自为的事实'，而是借助于心理的虚构的解释"（WTP689）。例如，"重力自身没有机械的原因，因为它自身是机械论的结果的基础"（WP689），因而重力不得不具有某种其他的根源——意志。问题不在于重力是一个心理的虚构，毋宁说，问题在于重力和虚无主义的基督教神学相关联。牛顿把空间—时间看作"上帝的感觉中枢"（看作上帝的意识），因而宇宙的推动力是上帝的意志。但那是虚无主义的。（WP707，708）

科学，无论如何先进，无论被抽象的数学如何高度公式化，最多仅仅是一种"尽可能忠实地赋予事物以人性的企图；当我们描述一个接着一个的事物时，我们学会了越来越准确地描述我们自己"（GS112）。由于尼采表明导向真理的任何认识实质上是为其最初的生物学有用性所限制的，所以他不认为科学瞄准某种非人格的客观性是可能的（或者甚至是值得想望的）。科学思想必然地保持其人类中心主义状态。对于科学最好的可能性是自觉地意识到它使自然人性化了，因而科学能够把那些最为肯定生命和肯定世界的人类社会价值投射到自然之中。虽然科学必然投射人的道德虚构于自然之中，科学却没有必要投射虚无主义的道德虚构到自然之中。科学有可能成为自觉的和肯定的。

数　　学

尼采对数学的态度是十分肯定的。他认为数学是通向最终的人的自我认识的方法：

让我们将数学的精致和严格引入一切科学之中，尽一切可能，不是由于相信这样做会带领我们认识事物，而是为了确定我们和事物的关系。数学不过是获得关于人的一般的和最终的知识的方法。（GS246）

既然尼采认为自我认识从根本上说是意识到思想为了生命之故如何欺骗它自身，那么不奇怪的是，尼采因为数学的概念是从思想的自我解释之根上生出的而明确地赞美数学。数学是心智最深的技艺。

引入了同一性和同等性（存在自我同一或同等的事物）的谬见是一切生物学上有用的谬见之中最基本者；它们是对生命最为必要的谬见；而既然数学是同一性又是同等性的科学，那么数学就是原初的和最在生物学上有用的谬误的科学：

数的法则是在最早普遍的谬见——存在着各种各样同一的事物（但事实上不存在任何同一的事物）或者至少存在着事物（但不存在着"事物"）——的基础上发明的。关于多的假设总是假定存在着某事物——某事物重复地发生。但这只是谬见统治之处；甚至在此，我们发明出并不存在的实体、统一体……对于不是我们的观念的一个世界，数的法则是完全不适用的：它们仅仅在人类世界中有效。（HHI：19）

做数学上的思考即是以这样一种方式——最原始的生命形式无意识地思考所用的思考方式——有意识地思考。原初的活物是在宇宙之中自我再生产的首批事物，它们是原初的重复再现的同一的事例。数学思想直抵无机物之中的生命的真正起源。

数学是纯粹自欺的科学。对于纯粹形式的、抽象的对象构成的数学世界的研究，能向有意识的心灵揭示出：无意识的心智活动的最深的心理机制。自我认识要求对这些心理机制有认识：这就是为什么说数学是通往最终的人类自我认识的方法。

在现代西方文化中，用艺术来反比数学是很时髦的。如果尼采是对的，那么这种反比是错误的。根据尼采，数学研究的是人的生命的最艺术的和最富于想象力的力量。数学研究形式给予的能力，这种能力富于想象力地将结构投射到事件的混沌之中。数学的想象力是一切想象力之中最艺术的。②

具有重大意义的是，尼采表明数学的思是最危险的一种思，正是因为它揭示了存在的境况，存在的境况使得思自身在宇宙中成为可能。当思想作数学上的思考时，思想在它的真正的极限处思考。那个极限是危险的，因为恰恰是当思想思考其存在的起源之时，将其存在当作好像就是起源是最具诱惑力的：在研究数学时，思想冒了最大的自欺的危险，因为思想很可能认为思想是存在的根源，而不认为存在是思想的根源。

对思想来说，最大的危险在于：禁欲主义的超自然主义使用数学思想来证明其彼世性的合理性。当思从事数学时，意识有途径进入同等化和同一化的认知操作，因而当思把价值归属于被数学所揭示的抽象对象的系统之时，意识正在把价值归属于最深的和最重要的认知操作（这个认知操作具有最大的生物学上的有用性，并且因而对于人的生存是最为必要的）。如果禁欲主义的超自然主义令数学败坏，它就已经令一切认知都败坏了。当数学被诠释为虚无主义的时候，思自身被诠释为虚无主义。不幸的是，尼采认为这恰恰是已经发生的事情。柏拉图主义是用虚无主义的价值标准对数学之思的败坏。超自然的世界（实在的并且真实的世界）是抽象的数学对象所构成的世界。

以新价值观重新评估价值，将虚无主义的否定转变为狄奥尼索斯式的肯定，不得不从数学思考的意义的价值重估开始。数学不揭示真实的世界。数学不给予我们通往任何上帝之眼之观的途径，数学必须被重新理解为狄奥尼索斯的艺术。当它开始意识到它自身是作为一个感性过程，它就能够变得肯定生命和世界。狄奥尼索斯的数学是具有庄严风格的数学（WP800，842）。狄奥尼索斯的数学避免了虚无主义的自欺，这种自欺认为形式的对象（点、线、面、数）实在地存在于某个真实的彼岸世界；相反，它肯定我们最深的信条（存在着自我同一的事物，这些事物分成不同的种类）是真实的，是因为这些信条具有最大的生物学上的有用性，具有最大的力量。狄奥尼索斯的数学把真理意志和生命意志结合。代替在其根源上压抑存在的生命力的是，狄奥尼索斯的数学增强了那个生命力。③

知识的良性循环

迄今为止，尼采关于知识的全部主张预设他的进化性的假设是真实的。为了保持一贯，他不能把那些预设从他的关于真理和知识的议论中排除出去。因为我们的知识包括了关于真理的进化理论，因此我们的知识必须应用于它自身。

关于知识的某些理论反驳它们自身，当它们被应用于它们自身时。自我反驳的最著名的例子是关于知识的实证主义理论。实证主义宣布：命题或者是无意义的或者是有意义的；只有有意义的命题才会是真命题或假命题；无意义的命题是荒谬。实证主义如此界定有意义性："命题的意义在于命题所暗示的一组可能实现的经验。"既然这个命题不暗示任何可能实现的经验，它就是无意义的。因而它是荒谬。它是自我反驳或自我困惑的。它击败它自身。

真理的进化理论宣称，一切知识不过是一个命题系统，它符合这样的信条：没有它们，人这种动物就不能够生存下来。因而，如果我们假设它是真的，并且如果我们将它应用于它自身，那么它告诉我们：真理的进化理论最多是一个命题系统，它符合这样的信条：没有它们，人这种动物就不能够生存下来，这个命题系统不反驳它自身。

当然，如果这是真的：进化的唯一可能的透视是那些促进它们自己的进化的透视，对透视的进化的这番准确描述适用于它自身，并且它告诉我们：它是真实的，因为（并且仅仅因为）它促进它自己的进化。并且既然它是已经进化了的一个理论，那么它就已经证明它自身的合理性。适用于它自身，因而它自我证明是合理的。现在我们在又一个尼采式的圈中作循环运动。我们正在照进另一面尼采式的镜子，这面镜子只反映它自身反映它自身反映它自身……但这个圈不是坏的，这个反映不是空洞的。这个反映是自我肯定的。

知识的进化理论的自我正当化就像归纳知识理论的自我证明。归纳的知识是从特殊案例推出一般知识。你看见太阳总是升起，因而你断定它明天将会升起。但它在过去已经升起的事实符合逻辑地暗示它将在未来升起，除非你加上另一个原因——一个让你达到一个一般结论的原则（"太阳总是升起"或者"未来总是跟过去一样"），而这个原则基于特殊的事实（"太阳今天曾升起"）。不存在从特殊事实抵达任何一般结论的逻辑方法，除非归纳法是真实可靠的，但是你能够为归纳法提供的仅有的证明（如果你不是全知的话）是基于特殊事实的。幸而当其运用于自身时，归纳法不否定其自身，它反倒肯定它自身。每次太阳实际上升起，你既为太阳将会在未来升起这个一般的结论获得了更多的证据，又为归纳法导向真实的知识的理论获得了更多的证据。归纳法证明归纳法的合理性。它是自我肯定的，跟尼采的进化性理论一样。

快乐的智慧

尼采敏锐地意识到知识理论之中的所有循环（好的和坏的）。禁欲主义的超自然主义者常常宣布：地球上的生命是虚假的，如同一个梦；在精神世界或心灵世界之中的生命是真实的，如同醒。尼采所指示的醒是在透视系统内部的清晰地做梦。我们不能够从透视规则（关于宇宙的任何透视都来自宇宙内部，并且关于宇宙的任何透视因而必须与它自身相一贯，当它被应用于它自身之时）中逃脱出来。尼采说："我突然从这个梦的迷雾之中醒过来，但只是达到这样的意识：我正在做梦，我必须继续梦下去以免我灭亡。"（GS54）

禁欲主义的超自然主义断言存在着某种来自宇宙外部的关于宇宙的"上帝之眼之观"，而来自那个视点的一切知识都是绝对真实的。禁欲主义的超自然主义不尊重有用性放置在透视的真理面前的实际的（亦即是实用的）限制，因为它否认真理是透视的。既然禁欲主义的超自然主义宣布：人类不是动物（他们是非自然的灵魂），那么当它宣称命题是永恒或绝对真实的时候，它不考虑一个命题（尤其是道德律）是否有利于人的生存的价值。道德没有因其对人这种生物的效用被证明是合理的，而是因其与"上帝的意志"或"上帝的法则"的一致被证明是合理的。禁欲主义的超自然主义具有一种向往真理的意志，这种意志超越了生物学效用的局限。（GS110）向往真理的意志是一种向往死亡的意志。（GS344）其向往真理的意志是虚无主义的。

尼采以他的快乐的智慧的美学上的自我一致性来反对那种虚无主义的向往真理的意志。（GS113；AOM180）这种快乐的智慧整合了由人构成的动物的一切想象和批判的能力，以最优化人类动物的生命力，以帮助我们强健有力和繁茂成功。确实，这个快乐的智慧如此强烈地意欲增强人这个种类的生命力，以至于它成为超人的，以至于它经历着那种最巨大的张力。

○ 人能够有意识地决定使自己进化到一种新的文化中去，而他们以前只是不自觉地并且偶然地这么做：他们现在能够为人的繁殖及其营养、教育和训练创造更好的条件，能够经济地把地球作为一个整体来管理，能够大体上平衡并使用人的能力。这种新的、自觉的文化摧毁了旧的文化。从整体看，旧的文化人过着一种不自觉的动物的和植物的生活。（HHI：24，1：25）

在一个进化了的透视之内可能的最深刻的关于真理的原理是：生活就像是一个梦，而真理对生活的作用是使那个梦加强和延长。这种意识是：

在所有这些梦者之中，我也"知道"我正在跳我的舞；这个知道者是延长尘世的舞蹈的一个方法，并且从而这个知道者属于存在的仪式的主人；并且，一切知识的崇高的一贯性和相关性，可能是并且将是，用以保持做梦的普世性，保持一切梦者的相互理解，以及保持梦的延续的一种最高方法。（GS54）

自觉的科学

因为我们在宇宙之中，所以我们对这个宇宙的科学描述必然包含对我们自己正在做描述活动的描述。我们不能够避免将我们的自我解释投射到我们的科学理论之中，因为自然现象（经验事实）的实在表象以人的心灵的解释预设。既然这在逻辑上是必然的：我们依据宇宙内部的某种透视来创立关于宇宙的理论；并且既然这在逻辑上是必然的：关于宇宙的每一种透视都是自我包涵并自我反映的，那么宇宙的每一种理论（无论怎样科学或客观）都以关于自身的一个理论为预设。我们的理论包括了我们的自我认识，这是一个纯粹的逻辑事实。宇宙像一面镜子：当我们照进去时，我们将我们的自我认识投射到它之中，并且我们最真实的科学理论是对我们的自我认识的反映。任

何瞄准真理的科学理论不得不用某种方式使这种自我反映具体化。（BGE24）

假定不否认我们的知识是根据我们自己的形象制成的，我们承认一切知识包括自我知识，我们承认一切知识包括认识者的结构："假定除了我们的欲望和激情世界，别无其他任何被'给与'的东西是真实的，并且假定除了我们的冲动的现实外，我们上下求索也不能找到任何其他的'现实'——因为思考只不过是这些冲动互相之间的一种关系而已。"（BGE36）假定我们认识到关于给定者的这一事实"对理解……所谓机械的（或者'物质的'）世界是充分的"（BGE36）。认识到这点，我们并不是变为像贝克莱或叔本华那样的主观唯心主义者（BGE36）；相反，我们正在肯定：为了让我们关于这个世界的知识变成客观的，我们关于我们自身的知识必须变成同样客观的。没有任何关于这个世界的客观知识是没有关于自身的客观知识的。这就是知识的代价，因为关于宇宙的每一种内在透视都包括关于它自身的透视，并且必须是反射性地与自身一致的。

物理的宇宙具有像"我们的感情一样的现实性的等级"；物理的宇宙是一个"感情世界的更原始的形式，在这个形式之中，一切仍旧在一个强有力的统一体之中处于抑制的状态"（BGE36）。因为我们禁不住从我们自己的意志活动出发来考虑因果关系，那么就不得不以对这个事实的自觉认识来扩大科学的方法：我们不能假定任何其他种类的因果关系，除非我们已然将所有的因果关系都是意志的这个观点扩展到其逻辑的极点：

> （如果）我们真的把意志当作有效的，（如果）我们相信意志的因果关系：如果我们的确相信、并且在根本上我们相信意志的因果关系就是我们相信因果关系它自身，那么我们不得不尝试，即把意志的因果关系作为唯一的因果关系。"意志"当然只能够影响"意志"而不能影响"质料"……一个人不得不假设：在"结果"被认定的任何地方，意志是否不影响意志，并且是否一切机械论事件就是（只要力在其中活动）意志力，意志的结果。（BGE36）

对尼采，一切意志都是权力意志，现实化意愿主体的一切可能性的意志。因此自觉的科学，只要它认识到一切知识都预设了自我知识，就一定认识到所有的机械推动力都是权力意志——如果它全然利用了推动力的概念。使用因果关系的任何科学预设了意志，并且从而预设了权力意志，并且不得不承认那个预设以便成为客观的。

尼采的理论——世界是权力意志而不是别的任何东西（BGE36；WP1067）——是基于他这样的认识论主张：一切

认识都是自我认识，因为世界上一切逻辑上可能的透视都是来自世界内部的透视。作为关于存在（一个本体论的假设）的客观假设的权力意志是从他的认识论那里发源的。

尽管我们不能够避免将自我和意志投射到我们的科学理论中去，我们能够避免将对自我和意志的虚无主义的解释投射于其中，我们能够避免将虚无主义的价值投射到我们的理论之中。我们必然地投射我们的自我评价到我们的科学之中，但我们是自由地决定我们要投射的那个自我评价的。因而，不投射柏拉图、基督教的价值到我们的科学之中，尼采想要投射肯定的价值。一旦我们拥有关于自我和意志的肯定的概念，我们就能够拥有肯定的科学（快乐的智慧）。

重新理解自身和意志

尼采反对这样的观念：在"我思"后面，存在着一个统一的"我"或整体的自我。（BGE17）自身不是一个坚固的存在；它不是一个静态的统一，反倒是一个动态的多样。在心灵之中不存在一个活动的雏形人在操纵着被动的观念或指挥着心灵的过程。他反对这个信念：在灵魂之中有某种诸如"不灭的、永恒的、不可分的，作为一个单子，作为一个阿特曼（atomon）的"（BGE12）东西。他反对自我或灵魂是一个永久的统一体的观

念。自身不是一个永恒不变的实体。自身不是任何单个的存在；它是一种生成的多样性。（WP492）

弃绝不朽的和统一的灵魂并不完全取消聚合式的灵魂观念。相反，自我或灵魂对于心理学并从而对于物理学而言仍然是一个有用的并很有益的假说。通向关于灵魂的新理论的道路已开辟出来，例如"可朽的灵魂"，"作为主体的多样性的灵魂"和"作为冲动和感觉的社会结构的灵魂"（BGE12）。

心灵是统一的，但对于尼采"一切统一仅仅是作为组合和合作的统一"（WTP561）。心灵就像是一个城市，其公民是观念（概念、意象、感觉等）。观念是活跃的：每个观念都有它自己的生命；当它想来，它就来了。（BGE17）思想从观念的相互作用处发生。

尼采的心灵理论具有特殊的社会的和等级制的味道。④尼采告诉我们身体"只是由许多灵魂组成的一个社会结构"（BGE19）。这些本能的灵魂是身体在细胞水平上本能的冲动。尼采拒斥笛卡尔式的心物二分：心灵发生自肉体能量的自我组织。组成身体的那些灵魂把它们自身组织成为一个等级制度的社会或政治结构，在这个结构中，有的灵魂统治，而另一些则被统治。（BGE19）思想是对这些本能冲动的社会组合的结果，因为思想"仅仅是这些冲动互相间的关系"（BGE36）。换言之，自觉的思想"实际上不是别的而只是本能相互间的一种行为"（GS333）。

正如自身需要被不同地看待，因而意志亦必须被不同地看待。尼采相信意志是复合的。意志不是一股力量，而是许多相互协作的冲动：它是存在于观念的冲动之间的和谐的出现。（BGE19）意志从存在于许多"潜意志"或"潜灵魂"之间的动态的社会协作之处出现。（BGE19）意志是一致性的努力。

意志，对于尼采，不是从一个初始状态迸发至预先设定的任何目标状态。意志有动机，但它的仅有的目的是立刻的自我增进。意志就在此时此地增进它自身。它在它当下的结构中尽量发挥它自身。意志没有长期的目标。在意志之中不存在目的。毋宁说，一种意志终止于它被另一种意愿停止之处，但它这样解释这个停止：好像这个停止是它的目的，好像那个停止是一个目标。

因此，根本不存在一种作为有意图或有目标的力量的意志，有的只是一种作为协商的一致性的意志。只存在意志的协议草案（WP 715），即意志那细微而转瞬即逝的闪现。任何一种持存的意志都只是这些协议草案的某种自我再生和自我重复的结构，即人类灵魂火花的持久重现。

自我认识从关于自我和意志的柏拉图、基督教式的概念（基于虚无主义价值标准的概念）中解放出来，认识到：自我和意志是许多事件（这些事件的发生就像闪电的闪光），这些事件通过它们的吸引和排斥的方式将它们自己组织成为能自我再生产的安排。每样物理事物包括整个物理宇宙，都是在世界之中的能自我重复的事件的总体。

注释：

① 尼采用回归这个表达来界定同一性（WP512，521，532，544，551，552，568，569）。这个原则也可应用于每个空间—时间物理宇宙。

② 尼采的数学哲学在很多方面为直觉主义的现代数学理论家所赞同。尼采的数学哲学也和结构主义者对待数学的方式有很多类似之处。

③ 现代数学的基本对象是集。集的宇宙和尼采的作为权力意志的世界共有这样的特征：它是纯粹关系性的；每个集都是一个独特的个体；集之间的一切关系都是必然的；在每个理论都有很多模型的意义上来说，在集的宇宙之中的所有形式都是回归的。

④ 尼采不是首位提出心灵的社会模型的人。柏拉图说灵魂是一个城邦（《理想国》，435C-441）。另外，尼采的心灵社会模型重提并重新解释了柏拉图的模型。比较一下在《权力意志》第490 节之中尼采对贵族制的观念的用法和在《理想国》第 8 卷之中柏拉图的贵族制观念的用法。

4

On Nietzsche —————— 权力意志

可能性的连续流动

古希腊思想家赫拉克利特深刻地影响了尼采。赫拉克利特因说过"你不能两次踏进同一条河流"而著名。他认为一切事物总是变化着的，因而不存在停驻在同样状况之中的持久不变的事物。永恒和持续是幻象。事物看起来是相同的，但事实上它们总是不同于它们所曾是者。因为在一团火之中的火焰并不停驻在相同的状况中，而是闪耀成为不同的形式，赫拉克利特说宇宙像火。不存在着事物，只存在着火的闪光。

诸如岩石、桌子，甚至于我们的身体这样一些事物的坚实性和稳定性是感觉对我们的欺骗。科学告诉我们岩石是由原子构成的，而这些原子的组成部分总是在运动着。原子的部分是诸如电子、质子和中子这样的粒子。但这些部分不是稳定的事物；它们不像小的永久存在的岩石，它们更像是能量海洋之中的波浪。也许这能量就像是赫拉克利特式的火，因而那些微粒就像闪烁不定的火苗。如果这是正确的，那么我们的宇宙只是这些闪光的一种自我规整。

尼采使赫拉克利特现代化了。他不认为宇宙是实在地由火构成的。他通过将火解释为力而把赫拉克利特式的火现代化了，尼采说：不存在着不变的存在；相反，只存在着转化生成，"连续的变迁禁止我们去谈及'个体'等；存在的'数目'自身就在流动之中"（WP520）。

尼采认为这种流动是连续的。它绝不会从一个安排跳过或跃过到另一个那里；相反，它像液体的火平滑地流动。如果你孤立或隔开这个流动的任何两部分（譬如，此处和彼处，或者此时和彼时），在你隔开的部分之间仍然存在着这个流动的其他部分的流动，在这个意义上，这个流动是连续的。你永远不能够全部地分割这个流动，你不能把它劈成或切成两半，因为在切口处，总有一些未分开的流动在结合你力图分开的部分。这个流动就像一个流畅而不可分的海洋、一个无缝的大全。它是"一个连续的、同质的、未分的和不可分的流"（WS11；GS111）。

在这个流动之中不存在着原因和结果；不存在着充当原因的存在。只存在着力量的流。当我们说这是原因而那是结果，我们错误地把这个流动分割成两个孤立的片段——我们认为在这两个片段之间不存在着任何东西。但在原因和结果之间存在着我们未注意到的无限多的过程。（GS112）

尼采从赫拉克利特那里获得了流动的观念，他又从 17 世纪德国思想家莱布尼茨①那里获得了连续性、平滑性和无隙性的观念。莱布尼茨认为宇宙是连续的。他认为物质宇宙是通过他称之为单子的极小的微粒的互相作用而产生的。单子就像几何学的点。它们在空间中是无限微小的（无穷小）。空间为单子所充满。空间如此紧密地塞满了单子以至于在任何两个单子之间都存在着另一个单子，就像一条直线上的任何两点之间存在着另一个点。在单子之间不存在着间隙。没有单子正在从这个宇宙中遗失：一个单子能够存在的任何地方，就确实地存在着某个单子。单子的集合是没有任何间隙的一个全体。一个完全的全体被称为一个充满（如同用"充裕"表示）。

莱布尼茨亦有一些赫拉克利特式的观念：每个单子都像一个微小的赫拉克利特式的河流。存在着在单子之中持续着的时间之流，尽管单子它自身不改变。单子持续存留：它们是持续的事物，它们跨越时间保持了它们的同一性。不过，单子的内部细节改变了，并且它们连续地转变。时间在单子内部燃烧，它们是赫拉克利特式的火焰的小火球。

不存在同等的事物

　　既然现实根本上是流动，就不存在着在比一瞬间更长久的时间中同等于其自身的事物：不存在持续的或持久的事物。在时间的任何绵延或者在空间之中的任何变迁当中，无物是自我同一的。因此仅仅在一点一瞬期间，仅仅在此时此地，X=X是真实的，因为 X 不是一个存在，而是一个生成转化、一个事件、火的一闪、闪电的一闪。不存在事物，只存在事件，这些事件是力的点瞬：这一力就在此时此地。没有两次力的点一瞬是同一的。（WS11；GS110，111）

　　在宇宙之中，仅仅存在着每个个体的一瞬；不存在着同一事物的许多瞬间："多元性的假设总是预设不只一次地发生的事物的存在；但准确地说，在此谬见已经把握住了统治地位。"（HH1：19）因此决不存在着同一事物的多次发生。

　　每个物理事物都是唯一的并且在宇宙之中确切地只发生一次，"这是确实无疑的，一片叶子决不会和另一片叶子全然相同"（PT，P.83）。尤其是，我们的生命是宇宙的独一的部分并且不会多次发生："每个人打心底里都彻底地明白：作为独一者，他在世界上将只有一次，并且将不会有想象得出来的第二次机会能聚合出像他那样的一个统一体——如此奇异的杂色的一个什锦物"（UM3，P.127）；"所有我们的行为总而言之是无比私人、独一并且无限个体的"（GS354；HHI：286）。

尼采说，纯粹生成转化暗示了不存在着能够经受空间和时间之中的变化而本身的同一性不变化的可能，尼采的这个推究是正确的。但是，不存在着同等的事物的观念并非尼采的原创。再一次，这是莱布尼茨的观念。莱布尼茨说没有两个单子是完全相同的，它们全都是相异的。然而，莱布尼茨没有把他的单子理论推进到足够远。单子在空间中是最小限度地延展的，但在时间之中却是最大限度地延展的。莱布尼茨本应该说单子在空间上是无限小的并且在时间上也是无限小的。

尼采通过重新采用其赫拉克利特式的精神来将莱布尼茨的单子观念推到其逻辑上的极致。他说，"我们可以冒险在一种相对的意义上去谈论原子和单子"（WP715），并且这些不是持久的事物，而是事件。莱布尼茨的单子像闪烁的小火球，而尼采的事件就是火焰的闪光。尼采的事件是在空间和时间中最小限度地延展的。[2]

事件在一个充溢的空间中被紧紧地挤塞在一起；没有任何力的点一瞬正在从这个世界遗失（WP1067）。如果比较任何两个事件，无论它们如何相似，它们之间会有另一事件与它们二者都更为相似。事件的每个可能的组合都在这个世界中。[3]对尼采而言，这个世界（自然）的物质部分是力的点一瞬的一切可能的组合的集合。每个物质宇宙都是自然的一个可能的组织；存在着很多可能的自然的组织。

关系的世界

关于关系的最强大的事实之一就是：虽然参与到那些关系之中的事物改变了，这些关系可以保持相同。例如，假定你正在玩跳棋游戏。从一个跳棋盘上的标准的初始布局开始，你和你的搭档根据通常的规则一步棋接一步棋地走，唯一不同的是：每走一步棋之后，你就用便士放回你的棋块的原处，而你的搭档则以两角五分的硬币来替换他或她的棋块。这个游戏照例继续；只要他们之间的关系停留在同样状况，事物正在变化着就无关紧要。

既然事件在空间和时间之中不是延展的，那么在空间和时间中延展的任何物理事物就是事件的结构或安排。所有物理事物都是事件的合成物。对于像亚原子的微粒这样的最小的事物到像宇宙这样的最大的事物，这都是真实的。最终说来，这个世界是一个关系的系统：

○
这个世界如果撇开我们生存于其中的状况，这个世界如果我们尚未将其还原为我们的存在、我们的逻辑的和心理的偏见，它并非作为一个"自为"的世界而存在的；它本质上是一个关系的世界……它的存在本质上不同于任何的点；它强迫每个点，每个点则抵制它——这些（压迫和抵抗）总体说来在每种情况中都是十分不和谐的。（WP568）

没有两个事件是相同的。因此如果在存在之中存在着任何同一性或统一性的话，它只在事件的复合体当中发生。（WP552C，561）事件绝不相同，尽管事件的安排和结构有时相同。任何物理整体的部分在不同的地方或时间绝不相同；但既然每个整体是部分的安排，那么即使它的部分不同，整体还能够是同一的。物理整体（从原子到身体到宇宙）是既在空间之中又在时间之中改变的事件的复合体。既然事件在空间和时间之中变化而又保持事件间的关系是可能的，那么，保持这个复合体的结构，并因此有一个好像是在空间和时间之中延展的事物就是可能的。我们忘记了物理整体是安排的；我们（错误地）认为它们是实体单元。

自然科学是仅仅关乎关系的一种理论："一切自然法则都仅仅是 X、Y 和 Z 之间的关系。我们把自然法则界定为一组 X、Y 和 Z 间的关系——我们转而只能在与其他组的 X、Y 和 Z 们的关系之中了解这组 X、Y 和 Z 之间的关系"（PT，P.51）；"像这样的自然法则对于我们是什么？我们并非了解它的自为本质，而只是了解它的作用效果，这意味着它和其他自然法则的关系，而其他自然法则转而也仅仅被我们当作一系列关系的"（PT，P.87）。因此物理宇宙是事件之间的关系的系统，是不同点瞬的力的互相联结的网络。

为支配一切事物的权力而奋斗

尼采说这个世界是权力意志并且此外无它。（WP1067）为了搞清楚这是什么意思，假定我们从这个理论——权力意志是某种暴君式的自我中心的欲望，即一种人们不得不支配或统治别人的欲望——开始。如果这种奋斗有一个解释，那么它不是根本的，并且因而只是权力意志的一个表现，而不是权力意志本身。

人们为取得支配别人的权力而奋斗的政治理论并非源自尼采。它像历史本身一样古老。为了聚焦我们的观点，我们可以挑选出一位清晰地发展了这个观点的哲学家：17世纪英国思想家托马斯·霍布斯。霍布斯表明：按照政治原则组织起来的人类社群是从一种自然状态演化出来的，在那种自然状态之中，存在着争取生存的猛烈斗争——所有人反对所有人的一场战争。这个政治奋斗的底下存在着更深的生物学上的奋斗：人这种动物想生存下去，想繁殖。但生物性的生存和繁殖需要资源，而资源是稀少的；因而人们为争取稀少的资源而相互争斗。

因此，政治奋斗是权力意志的一种表现，而非权力意志自身。在一个更深的层面上，权力意志呈现为一种生物性的奋斗。一切争取稀少的资源和安全的政治竞争都服务于生物性的繁殖的更深目的。但如果这个生物性的奋斗有一种解释的话，那么它亦不是根本的并且因而是关乎权力意志的一个表现，而非关乎权力意志自身。为了分析生物性的奋斗，我们必须要从霍布斯转向达尔文。达尔文的物竞天择的进化理论强烈冲击了尼采。达尔文为霍布斯所影响。

在《物种起源》中，达尔文把霍布斯的观念——作为所有人反对所有人的一场战争的自然状态——应用于由生存着并繁殖着的有机体构成的整个宇宙：

> 每个有机存在物为了按照几何比率增加而奋斗着；每个有机存在物在它的生命的某个时期，在这年的某个季节期间，在每一代期间或者时时，不得不为生存而斗争并不得不经受巨大的毁灭。当我们反思这场斗争，我们可能会以这样一种完全的确信来安慰我们自己，即自然的战争不是持续不断的，恐惧不会被感觉到，死亡通常是迅速的，而强壮者、康健者和幸福者存活下来并繁殖。（达尔文，P.129）[④]

争取生存的生物学斗争不是基本的。它是有机体繁殖速度过高的一个后果，"所有的有机存在者倾向于高速增殖，于是一场争取生存的斗争就会无可避免地接踵而至"（达尔文，P.116）。繁殖的高速度最终使得所有资源稀少，以至竞争发生。

达尔文通常被说成是认为生命是无目的的。那是错的。每个活着的事物都有其为之奋斗的目的或目标："我们周围每一个单个的有机存在物可能会被说成是为增加其数量而正在作最大限度的奋斗。"（达尔文，P.119，157）当达尔文谈及奋斗或努力时，他几乎总是在这种数学的意义上，即将其作为为谋求数量上的增加而作出的一种奋斗来谈论它。

每个有机体都努力最大限度地提高其后代的数量，努力使得它自己的种或类出现更多的例子。这种谋求数目上的支配权力的奋斗比谋求支配稀少的资源或支配其他有机体的任何奋斗都要深刻得多。它是最深的奋斗，它没有生物学上的解释。谋求数量上的增加的奋斗是生命之中的权力意志。

因而生物学上的奋斗是权力意志的一种表现而非对权力意志本身。在一个更深的层面上，权力意志显露为谋求数目上的胜利的这种数学上的奋斗。这是一种着实奇怪的奋斗：为谋求数目上的胜利而奋斗，这是如何可能的呢？这个数量上的奋斗力图做到更伟大、更众多、更杰出并且超越每一个界限。为谋求数目上的胜利而作出的奋斗是力图超越任何局限性的意志。

超越局限性的奋斗

为谋求数目上的胜利而作出的数学上的奋斗，实实在在是为谋求超越局限性的胜利而作出的一种合理的奋斗。从 0 到 1、从 1 至 2 和从 2 至无限的转移系列是有物胜过无物、多胜过一、无限胜过有限的胜利。力求超越局限性可以解释为什么存在着物而非无物：因为有物比无物强大。

很难看到怎样会存在着任何比谋求胜过局限性的胜利的奋斗更基本的奋斗，因为那种奋斗如此抽象以至于它是所有其他奋斗的根基。谋求超越局限性的奋斗是奋斗的最一般的类型，因为它奋斗着以越出任何限制，不受任何束缚。

在其最抽象的逻辑意义上来说，权力意志最终是越出局限性的奋斗。但如果权力意志在最极端的意义上是成为超过每个局限性的意志，那么权力自身就完全比每个局限更强大，那就没有什么可能比权力自身更强大。权力不是胜过或此或彼的事实的权力，它是胜过一切可能的事实的权力——它胜过可能性本身。它是使得每个可能性成为现实的权力。很难领会有一种权力能够比使一切可能的存在物成为现实的权力更为强有力。权力意志就是奋斗以成为权力，就是奋斗以成为这样的权力：没有可能有比之更为强大的权力。权力意志瞄准了全能，瞄准了绝对无限的权力，即：使得每个可能的存在者现实存在的权力。

绝对权力（全能）即越出了所有限制，并且没有可能有比之更强大的事物，这个绝对权力完全是上帝的传统属性。但是这些属性所属的那个上帝并不完全是基督教的上帝——新约中的道德的上帝。作为纯粹权力的上帝观念更多的是一个旧约观念。尼采说："让我们把至善从上帝的概念那里移开：它对一位神来说是无价值的。让我们亦移开最高的智慧……上帝这个至高的权力——那就足够了！一切事物都随之而来，'这个世界'随之而来！"（WP1037）不过仍旧，尼采并不真的认为上帝是权力；更准确地说他认为权力是神圣的。

奋斗着的可能者

我们已经看到尼采的思想有多少个方面受到了莱布尼茨的启发。权力意志也不例外。莱布尼茨表达了可能性是如何努力去成为现实的。⑤例如，一棵橡树是一颗橡实的可能性，这个可能的橡树努力地成为现实的并因此促使橡实发展。这份努力是由这个可能的橡树而非由现实的橡实完成的，可能性在奋斗。

莱布尼茨宣布所有可能的事物都努力成为现实。这种争取现实存在的奋斗就像达尔文式的为生活而奋斗——在这样的意义上：现实性是个稀少的资源，所有可能的事物都不得不为之而竞争。它们不得不为现实性而竞争是因为：根据莱布尼茨，很多可能性在逻辑上是相互抵触的，并且它们不能够二者皆成为现实。如果你投一枚钱币，它头朝上或底朝上地落地都是可能的，但不可能两者皆朝上。这些可能性的每一者都排除另一者。在同一个宇宙之中两者不能够都成为现实。

所有的可能性都不排除所有的其他可能性。有些可能性包含了其他可能性。相互合作的可能性形成了为现实性而共同奋斗的集团，结果是它们的集体奋斗比它们的单独的奋斗要强大。

所有的可能性为争取现实性既相互竞争又相互合作。所有的可能性在逻辑上（而非实际上）互相作用——逻辑上肯定或逻辑上否定彼此对现实性的要求。莱布尼茨断言：

> 可能的一切事物都要求它应当存在，并且因此将存在——除非别的某种事物阻止它，而这个阻止它的某物亦要求自身应当存在并且和前者不相容，并且因此事物的联合体总是存在——最大数目的事物借事物的联合而存在。如：如果我们假定 A、B、C、D 在本质上是同等的，即是同等完美或者同等地要求存在，而如果我们假定 D 和 A 与 B 是不相容的，而同时 A 和除了 D 以外的任何一方相容，在关乎 B 和 C 上情况亦相同；接着而来的是：排除掉 D，ABC 的联合体将存在；因为如果我们希望 D 存在，D 只能够和 C 共存，并且因此 CD 的联合体将存在，而 CD 的联合体比 ABC 的联合体更不完善。⑥

当莱布尼茨说"事物的联合体总是存在的，因此事物的最大数目可能存在"时,你能够领会到运转着的权力意志的数字版。

莱布尼茨宣布可能性的任何联合的完善与否是其谋求现实性的奋斗成功与否的尺度。完善是行动。一种事物"只要它具有完善性,就被说成是向外部作用;只要它是不完善的,就被说成对他者起反应"(M49)。在此,你简单明了地看到了尼采自己的关于能动和反应的学说。

尼采仅仅部分地同意莱布尼茨。莱布尼茨宣布奋斗着的可能性不得不向上帝要求现实性;完善与否是上帝是否愿意给予现实性的尺度。这些可能性先于现实的宇宙的产生而在上帝的心智之中竞争和合作。莱布尼茨说"上帝一有创造某事物的宣告,在所有可能性之间就存在一场争斗,他们全部都陈明要求存在,而那些联合着的并产生出最大的现实性、最大的完善、最重大的意义的可能性取得了胜利"。[⑦]上帝评判所有的可能性。仅仅少数被精选的经上帝批准,成为了现实的。上帝的权力被上帝的道德所限制。尼采反对这种对于可能性的现实化的道德限制。

"不":没有什么可能比之更强大

如果你投一枚硬币,它头朝上或底朝上落地是可能的,但不可能头和底两面皆朝上落地。这些可能性各自都排除另一个。

在一个宇宙之中，不能够两者都成为现实的。但如果这不是唯一的宇宙又如何呢？对每个不同的可能性也许会存在着一个不同的宇宙。在一个宇宙之中这枚钱币出现为头朝上，在另一个宇宙之中它则出现为底朝上。

存在着很多可能的物理宇宙这个原理在逻辑上不存在着任何错误。替代性的主张是没有另一个宇宙甚至是可能的，那意味着任何别的宇宙是不可能的。如果我们的宇宙是唯一可能的宇宙，那么我们的宇宙的特性是必不可少的。我们的宇宙的自然法则（例如，$E=mc^2$）在逻辑上是必不可少的。说某个事物在逻辑上是必然的，意味着其他任何事物都导致一个矛盾。但难以看出为什么 $E=mc^3$ 导致矛盾。它导致一个很不同的宇宙，但那不存在任何逻辑上的错误。

莱布尼茨是严肃地发展了存在着很多可能的宇宙的观念的第一人。任何关于某个可能的宇宙的不自相矛盾的陈述都是真实的。例如："我有三个头"对于我在其中确实有三个头的所有那些宇宙来说是真实的。但那实际上并非事实。实际上我只有一个头。莱布尼茨宣布虽然存在着很多可能的宇宙，但是只有一个宇宙是现实的。这是尼采的权力意志不同于莱布尼茨的奋斗之处。对尼采而言，权力意志使事件所有可能的联合成为现实，并且因此现实化所有物理上可能的宇宙。[8]

莱布尼茨赞成一种极其受限制的断言：从事件的可能的联合的全体中，上帝仅仅现实化一种联合。所有其他可能的宇宙的现实性被否定了。莱布尼茨宣布上帝所拣选的以使之现实化的这个宇宙是所有可能的宇宙中最好的：尽管这个宇宙有很多邪恶，任何其他可能的宇宙甚至会有更多的邪恶。因此上帝并不真的要对存在于这个宇宙之中的邪恶负责任。没有其他可能的宇宙比这一个更好。它丝毫不会变得比这个宇宙更好。有一个像这样说的笑话：乐观主义者说这是所有可能的宇宙中最好的；悲观主义者同意。但情形是：要么就是这个宇宙，要么根本就一个宇宙也没有，并且最坏的情形是根本没有宇宙。因而，我们接受现在的一切，在这个世界之中，在这个地球上，和这些对象在一起。

上帝为现实化选择了一切可能的宇宙中最好的一个宇宙这个论点，意欲和解上帝全能和善良与现实邪恶的存在之间的矛盾。莱布尼茨猛烈地攻击基督教的上帝不存在的老论点。这老论点是这样的：上帝是良善的并且是全能的；一位善良的存在者不愿意邪恶存在并且不准许邪恶存在；一位全能的存在者做其想要做的无论什么而且不准许其所不想要的无论什么发生；但是，存在着邪恶；因此，要么上帝不是善良的要么上帝不是全能的，但据说上帝是既善良又全能的；因此（基督教的）上帝不存在。莱布尼茨以一个相反的论点来攻击这个论点，这个相反的论点就是：这是所有可能的宇宙中最好的。任何试图解释为什么一个善良而全能的上帝创造了一个有邪恶在其中的宇宙的辩论都被称为神正论。尼采指责莱布尼茨实行了消极的神正论（WP411，419；BGE207；GS370）。莱布尼茨的上帝否定了大部分的奋斗。

对于莱布尼茨来说，所有可能性都为现实性而奋斗；但他们为之而奋斗的那个现实性是古老的基督教—柏拉图式的上帝。因此它们的奋斗（它们的权力意志）遭遇了一个反对，一个以上帝的道德评价形式表现出来的神圣的"不"！上帝评判这个宇宙并且发现除了一个全部都和现实不配。除了一个以外，上帝对一切宇宙否定了其现实性。这个否定就是至高的"不"！这就是那个"不"！没有一个东西比这个"不"更强大。这个基督教—柏拉图式的上帝是极端的否定性。

对照之下，尼采想要一个绝对肯定的神正论。尼采的肯定的神正论不愿肯定诸如基督教的上帝那样的任何事物的现实性。没有上帝是被需要的。通过赐予它们全部的现实性，尼采的神正论将肯定奋斗着的可能性它们自身的神性。尼采的神正论就是那个"是"！不存在比"是"更伟大者。

掷骰子游戏

在尼采从赫拉克利特那里获得的一切观念之中，最深刻地影响了他的是那个掷骰子游戏的观念。从 1874 年的早初著作到 1888 年最后的著作，掷骰子游戏是一个中心的形象。我知道没有其他概念或形象如此频繁地再现于尼采哲学事业的整个过程当中。

赫拉克利特宣布：存在是一种掷骰子游戏，玩这个游戏的是一位天真的神，这位神是一个孩子。尼采赞同赫拉克利特的断言说："这个世界是宙斯玩的一个游戏。"或者，甚至更进一步，这个世界是"火与它自身"的游戏。引人注目地，尼采补充说："这是那唯一的感觉——在这个感觉之中，一同时是多。"（PTG6，P.58；PTG14，P.91）"在被赫拉克利特称为宙斯或偶然性的伟大孩子所玩的这场掷骰子游戏之中"（GM2：16），人类是例外的一掷。人类的政治是一场掷骰子游戏。（GS40）超人是一次幸运的摇掷。（GS288）

查拉图斯特拉宣布，存在是一个神圣的掷骰子游戏："在一切事物之上存在着机遇的天堂，天真的天堂，意外的天堂。"（Z3：4）查拉图斯特拉对于机遇的天堂作了这样的表达："你之于我是为神圣机遇预备的一块跳舞的地板，你之于我是为神圣的骰子和掷骰子者预备的一张众神的桌子！"（Z3：4）

在掷骰子游戏当中，骰子的面是那些可能性；落在骰子桌上的朝上的那一面就被现实化了。掷骰子游戏是奋斗着的可能性的尼采版。代替用"不"——没有较之更强大者——来结束，尼采版的奋斗着的可能性用那个"是"——没有较之更强大者——来结束。

他说，掷骰子游戏是由时间来从事的并且是在没有任何智慧的情形下从事的："那个伟大的孩子——时间，在我们面前并且和我们一起玩着那个无止境的愚蠢的游戏。"（UM3,P.155）这个掷骰子游戏将奋斗着的可能性从一位智慧的上帝的意志或道德的拣选中解放出来："'时运之神'——他是这个世界最古老的贵族，我已经将他交还给一切事物；我已经将他们从受目的约束的奴役那里释放出来……没有'永恒的意志'对他们起支配作用并通过他们而起作用。"（Z3:4；D13）当骰子被掷出，没有一个结果被拣选出来做所有更进一步的投掷的基础；不如说，每个结果都被拣选做所有更进一步的投掷的基础。

掷骰子游戏是一个无限的游戏，这个游戏必然地使那些最不像机遇的事件的联合现实化："这些必然的铁手摇动着机遇的骰子盒，在时间的无限长度里玩着他们的游戏：结果是必然存在着确切地在每个程度上和目的性及理性相一致的投掷。"（D13）尼采宣布甚至最幸运的投掷也不得不发生，因为在一个无限延伸的时间之中所有的投掷都不得不发生。投掷钱币的结果总是头朝上，这个结果是一个随机的结果。投掷的每一种联合必然发生的观念远要比随机性强有力。掷骰子游戏是每种可能性必然发生的符合逻辑的原则。赫拉克利特式的孩子是作为绝对肯定的权力意志：它投掷每一个可能的结果。

骰子的每一次投掷都产生新颖独一的某种事物——在这样的意义上：它用新的方式扩展了整条过去存在着的投掷之链。尼采说"掷骰子游戏的机遇和未来永远不能再产生和它在过去产生的东西完全一样的任何东西"（UM2，P.70）。对此唯一的解释是：当骰子被掷出之时，一个宇宙就被这个骰子的结果之中的每一个结果现实化了。

例如，假定你的骰子是两面的，如同一枚钱币。第一次你投掷它，你不仅仅拣选一个结果。毋宁说，你使两个宇宙出现了：在一个宇宙中，这枚钱币出现为 H（头）；在另一个宇宙中，它则出现为 T（底）。每个宇宙都是可能的。在这些宇宙的每一个之中，你都再次投掷这个骰子。现在存在着 4 个宇宙：HH，HT，TH，TT。在这些宇宙的每一个之中，你再次投掷这个骰子以得到 8 个宇宙：HHH，HTH，HHT，HTT，THH，THT，TTH，TTT。对投掷的每个可能的结果来说，一定存在着一个宇宙其历史符合那个结果。没有结果被排除在可能性之外。对于尼采，没有结果被排除在现实化之外。

权力意志无限制地投掷骰子。它投掷一切可能的结果；这些结果无限延伸进过去和未来。投掷的所有可能的结果为现实化而奋斗并达到它。如果权力意志道德上被限制于仅仅为现实化拣选一个结果，那么权力意志就不会是全能的。权力意志被迫拣选所有结果使之现实化。

当莱布尼茨的上帝掷骰子时，只有一面可以朝上，那即是：一种可能性被现实化。莱布尼茨的上帝不掷骰子，只是拣选某一面，并且以那一面朝上把这个骰子放下。掷骰子游戏是所有可能的宇宙和未根据任何规则拣选过的事件的所有可能的系列的完全的现实化：它是机遇，是任何否定的道德原则（这些道德原则会将某种可能的宇宙从现实性中排除出去）缺席的机遇。

这个世界及其宇宙们

观照这个世界的一种方法是将它作为一场游戏来考虑。想一想国际象棋这种游戏。国际象棋有 32 个不同的棋子。存在着"空白"的棋子，它们实在地显然占据着空的方格（当你打印某个文本，你不得不打印那些空白：那些空白不是一个书写符号的缺席，它自身是一个有其权利的符号。国际象棋有 64 个方格。国际象棋游戏中的一个事件就是把一个棋子在一个瞬间放在一个方格上。事件的一个空间组合就是在一个瞬间把某个棋子放在某个方格上。事件的空时组合是系列的空间组合。

单纯当作一个空间—瞬间系统来考虑，棋子组合的每一种系列都是下棋的某种可能的方法。毕竟，你并非只能根据标准规则来下棋。国际象棋的标准规则仅仅界定了在空间中安排棋子并且在时间中移动它们的方法。存在着非标准的规则，这些规则界定了下棋的其他方法；并且，依据那些非标准的规则下棋，在逻辑上没有什么是不可以的。事实上，形成标准规则的变体并玩非标准的游戏往往是很有趣的。

国际象棋的世界包括了空间安排的所有可能以及空间安排

的时间系列的所有可能。国际象棋的世界，单纯当作一切可能的棋子组合的空时系统来考虑，是不为任何规则系统所限制的。确实，包含着棋子和棋盘的每个规则系统都包含在这个棋世界之中（包括宣称无规则的规则系统）。都有某个游戏。一旦你决定了一个规则系统，你就能够在这个棋世界之中选择满足于那些规则的所有游戏。这样的游戏的任何集合就是在这个棋世界之中的一个棋宇宙。

游戏规则就像自然法则：它们就像详细指明物质对象如何在时空之中相互作用的物理规则。当然，这些规则是感性的杜撰。既然这个世界包含了事件的一切可能的组合，那么它就包含了与自然法则的系统一致的某种组合。满足于某个自然法则系统的每一种事件组合是某个物质宇宙的空间—时间历史。正如规则系统从棋世界中拣选出某种游戏的集合（空间—时间历史），自然法则系统亦如此从世界自身拣选出时间—空间历史的集合。那些集合之中的每一个皆是一整个物质宇宙。

这个世界不是这个宇宙或另一宇宙。这个世界比任何宇宙都伟大得多，因为每个宇宙是事件的某个特殊的空时组合。宇宙是在物理学上最大可能的事件的组合。既然存在着将事件组合成为物理整体的很多可能途径，在这个世界之中就存在着很多可能的宇宙。尼采的作为权力意志的世界不为自然法则的任何特定的体系所限制。作为权力意志的这个世界包含了一切可能的宇宙。

自由和宿命

尼采关于神圣的掷骰子游戏的概念暗示他是一位决定论者。我们生活中的一切事件都是为天命、为宿命、为我们存在于其中的特定的物理宇宙所决定的。尼采否定自由意志。⑨否定自由意志不是否定自由。罗马斯多亚哲学家塞涅卡宣称智者"逃脱掉了必然,因为他渴望必然性就要强加于他的命运";并且"愿意的,命运领着走;不愿意的,命运拖着走"。⑩我们自由地成为我们自己,因为我们必然地是我们自己:

> 必然以激情的形式光临一个人,以听从遵守的习惯形式作用于另一个人,以一个逻辑良心来作用于第三个人,以变化无常和恶作剧光临第四个人。然而,这四者都意愿寻求他们的意志的自由——而他们恰好是都最为牢固地被缚住了:它就好像蚕在纺织中寻求意志的自由。(WS9)

尼采宣称在这个世界之中(在任何物理宇宙之中)的一切事物皆有某种宿命或天命。在这个世界之中的每种事物的宿命就是存在于某些特定的宇宙之中而非别的宇宙之中。尼采宣称每个人皆有某种宿命:"(一个人的)本性的命运不能够被从曾经是和将是的全体的命运那里解开来……一个人是必要的,一

个人是命运的一部分，一个人属于全体，一个人在那个全体之中。"（TI6：8）

尼采的瀑布的寓言澄明了他的宿命观念。这个寓言使用了这样的虚构：一个全知的心灵能够计算出任何特定宇宙的整个未来（和过去）：

○

> 目睹着一个瀑布，我们认为我们在波浪的无以计数的弯曲、旋转和破碎之中看到了意志的无常和自由；但在此一切事物皆是必然的，每一个移动皆是在数学上可计算的。在人类活动的事例之中亦是如此；如果某人是全知的，他能够计算出每一个个体的行动……演出者——他自身，无疑被钉牢在自由意志的幻象之中；如果世界之轮在一瞬间曾将保持静止，并且曾存在着一个全知的、计算的心智在那儿使用了这个暂停，那么它就将能够说出每一个生物的未来直到最遥远的年代，并且能够描述这个轮将沿之滚动的每个轨迹。演出者关于他自身的欺骗、关于自由意志的假定，都是这个心智将计算的机制的一部分。（HHI：106）

瀑布的寓言和世界之轮的寓言呈现了一种十分类似牛顿的世界观。确实，全知的心灵是拉普拉斯恶魔，这个恶魔据那位解答了牛顿物理学很多细节的数学家的名字命名。但这个宇宙对于尼采并非是牛顿式的，因为在宇宙历史的每一点上所有可能的替代皆被实现。牛顿式的宇宙既是决定论的又是独一无二的。它只有一个过去和未来。牛顿和莱布尼茨皆同意只存在着一个实际的宇宙。尼采则不同意。

你和我不是全知的心灵。我们不知道我们实际上在其中的是哪一个可能的宇宙。我们不知道骰子的下一掷对于我们结果将是怎样的。我们对于我们的宿命是无知无觉的。

"是"：没有什么比之更伟大

尼采明确地比较了赫拉克利特和莱布尼茨："赫拉克利特毕竟没有必要让自己不得不证明这是所有可能的世界之中最好的（如莱布尼茨所为）。它是时间（万古）的美丽的无知觉的游戏——这对于他就足够了。"（PTG7，P.63）

尼采的权力意志是莱布尼茨关于可能者的奋斗的学说，当然除去基督教—柏拉图式上帝的道德的消极性。相反地，尼采断言权力意志驱动每个奋斗去现实化其目标。所有可能的宇宙都是现实的。从时间的这点出发，所有可能的未来和过去都生发出来。权力意志是一个神圣的"是"！对于它们之中的每一者，我们的问题在于我们并不确切地知道我们存在于哪一个可能的宇宙之中。我们知道，对于我们自己而言存在着很多未来的可能性，但我们不知道什么命运将临到我们。我们不知道我们的宿命。

尼采说与这种不确定同在的唯一方式是肯定所有可能的宇宙。尼采将这种绝对的肯定看作狄奥尼索斯式的悲剧的生活方式。这种生活方式是悲剧的，因为它肯定了痛苦和苦难。悲剧不是受虐狂。你无须去享受痛苦以肯定之。假定你犯着牙痛。一次我曾犯牙痛，痛得如此厉害，以至于我崩溃在地一小时。尼采不是在说你应享受那种事，但问题是：你对之取什么态度？无论你的态度如何，它仍然会伤害你。对于痛苦的禁欲主义的反应是去谴责这个宇宙和生活以要求在天国里的报偿。

莱布尼茨的基督教的神正论表明，这是所有可能的宇宙中最好的。尼采的狄奥尼索斯的神正论肯定所有的宇宙。它既是悲剧的又是美学的：存在被美学地正当化了。（BT5，24；GS54；WP416，1019）这个世界是一场戏剧。作为戏剧，它按照戏剧的质量，其情感的张度、其美感而被评价。一个没有苦难或悲剧的世界是没有激情的世界，它是一个贫瘠而丑陋的世界。这个世界中的每个宇宙皆像一个剧本在上演。存在着具有伟大戏剧性、伟大的苦与乐、伟大的情感的剧本。排除掉任何的戏剧性皆会减少整体的美。它使得整体在情感上提升了。作为一种悲剧的美学神正论，尼采的见解接近于重提了普罗提诺的神正论。[11]

狄奥尼索斯式的悲剧的反应是对痛苦和苦难说"是"！只是因为疼痛伤害了你，这并不能使之被称为邪恶。痛苦之于人生是伟大的刺激：我痛苦故我存在。因而远非谴责任何可能的宇宙，狄奥尼索斯式的悲剧的态度甚至肯定所有可能的宇宙中之最糟者。它将其天堂和地狱一起庆祝。尼采命名这个庆祝为爱命运（amor fati）：

○　　　　一个人的伟大，我的公式是爱命运：一个人不需要任何其他存在，除了命运赋予的存在，既非在未来，也不在过去，也不在全部永恒之中要求另外的存在。并非只是去忍受那来自必然者，更非是去假装其并不真实——而只是去爱它。（EH3：10；GS276）

与禁欲主义的超自然主义不同，尼采主张爱命运。amor fati 的另一个名字是宿命论——肯定一个人缠绕在命运之中。看到他的或她的宿命或命运不与整体的命运分开的人"站立在宇宙之中，怀着一种喜悦的和信任的宿命论，怀着这样的信念：只有那些分离的和个体的事物可能被抛弃，在总体之中一切皆被救赎并被肯定。他不再否定……但这样的一种信念是所有可能的信念之中最高者：我已经用狄奥尼索斯之名为之施洗"（TI9：49）。

要走向狄奥尼索斯式的悲剧，即对所有宇宙都欢呼，第一步就是：庆祝你实际生活于其中的那个宇宙，随便它会是哪一个。目标是"将这个世界像其所是的那样作狄奥尼索斯式的肯定，不作削减、排除或选择"（WP1041）。这样做的方法是肯定这个当下。肯定此时此刻：

○

　　如果我们肯定一单个的片刻，我们因而就不仅肯定了我们自身而且肯定了全部存在。因为无物是自足的，我们自身和事物都不是自足的；而如果我们的灵魂仅仅有一次已经因幸福而颤抖，并像一根竖琴弦一样发出音声，那么就需要全部永恒来产生这一事件，而在这肯定的片刻，全部永恒皆被称为善，被救赎和正当化。（WP1032）

注释：

① 莱布尼茨对尼采的影响是众所周知的。在他的《尼采》一书中，W.考夫曼将尼采的自然哲学描述为他的"单子论"。见 A.摩尔斯的《尼采的自然哲学和宇宙论》（A.Moles, Nietzsche's Philosophy of Nature and Cosmology, New York：Peter Lang, 1990, pp.167-172）。

② 不存在着原子或存在物（BGE12；WP552，624，636，704）。权力意志是事件的一种充满（WP520，521，548-552，635）。这是一组没有实行者的事件（BGE17；TI3：5；WP484，488，

531，548，631）。事件发生；而非存在。

③ 如果事件的任何组合能够发生，它已然发生而且它将再次发生
（Z3：2/2；WP1066）；没有规则限制事件的空间—时间组合
（ZIII：4，3：16/3）。

④ 有关达尔文的所有引文来自于 C. 达尔文的《物种起源》一书
（New York:Penguin Books,1985）。最初出版于 1859 年。

⑤ 见 C. 谢尔德斯 "莱布尼茨关于奋斗着的可能性的学说"，《哲
学史》期刊 24（3），1986，PP.343-357；D. 布鲁曼费尔德
"莱布尼茨的奋斗着的理论"，《莱布尼茨研究》5（2），1973，
PP.163-177。

⑥ 参见 N. 雷斯切尔：《G.W. 莱布尼茨的单子论》（Pittsburgh，
PA：University of Pittsburgh Press，1991，P.171）。

⑦ 参见 N. 雷斯切尔：《G.W. 莱布尼茨的单子论》，同上 P.188。

⑧ 尼采用组合的论据来证明反复再现的合理性。如果你用他的掷
骰子游戏和绝对肯定的观念来组合那些事件，那么事件的所有
可能的组合都是现实的。

⑨ HHI：18，39，99，102；AOM33，50；GS110，345；
BGE18，19，21，53；TI6：3。

⑩ 参见塞涅卡：《来自一位斯多葛主义者的信》，P.105。

⑪ 参见普罗提诺：《九章集》（III.2.15-18）。普罗提诺的禁欲主义
的超自然主义与他自己的关于人的理论不太一致。

5

On Nietzsche ———————— 群体和个体

人　兽

尼采生物学地考虑人。他认识到人类是群体动物——像马、羊、蜂、蚁或任何其他社会动物一样。人不是独居的动物。人在社会组织中生活在一起。这些事实是如此明显以至于它们易于被忽略。尼采严肃地对待它们。他用人这种种群的生物学上的事实来发展了他的道德和政治理论。

在很多方面，尼采的道德和政治理念是为达尔文的进化论所激发的。达尔文的进化论则基于最适者的竞争、变化和生存的观念。但尼采不是一个社会达尔文主义者。他知道即使那些生存下来者是最适者，那并不意味着他们是最好的。

中道与过度

尼采用人的个体来对照人的群体。群体和个体常常作为规则和例外来加以对照，结果是个体成为了例外的人类。考虑这个对照的一个好方法是从达尔文进化论的角度出发：群体是人种；个体是变种或新种。

每一个人皆有两面：他或她的种类和他或她的个体。种类是为我们每一个人和所有其他人类共有的：它是我们人类一般的方面。它是使我们正常或一般者。它是使我们意愿去适应的方面。个体性是越轨或异常。在某些个案中，越轨是功能上的退化：它是邪恶的；在另外一些个案中，越轨则在功能上是杰出的——优秀的运动员、天才和卓越的领导人不是一般，他们高于一般。

个体从群体当中生长出来。他们从群体那里偏离了正轨，他们是群体的例外的成员。他们也许会弄到反对这个群体的组织的地步，但他们决不逃避它。个体性是群体存在的修正。所有人皆是社会动物。

尼采在群体和个体之间所作的对比常常和价值关联：群体是中道，个体是过度。群体是中庸的（它是那一般者），个体是极端的。过度者是肯定的或否定的；一般者则是中立的。

尼采站在个体者一边，因为他认为致使人类文明更杰出和

更有生机的生物力量就作用于他们。（HHI：224）他认为他们更易碎，因为他们没有了群体的保护。（BGE268）

不幸的是，尼采关于群体和个体的理论易于被误解，并且已经被滥用来证明最糟的专制和政治的最堕落的形式的合理性。

存在于个体之中的作为群体本能的意识

这里有一种测试你是不是人群中的一个成员的方法：你是有意识的吗？你是有自我意识的吗？如果对这两个问题的答案都是肯定的，那么你就是这个群体的一员。意识是一种精神的功能，是群体动物与生俱来的。

尼采提供了一个革命性的观点：意识是存在于个体之中的群体本能。（GS354）他的基本原则是达尔文主义的：意识必定具有某种生物学上的效用，它必定具有某种生存价值。他注意到群体动物是相互依存的。独居动物有能力靠自己生存下来，群体动物则需要彼此之间的协助。为了获得帮助，它们不得不具有交流的本事。为了交流，它们不得不了解它们的需要。为了了解它们的需要，它们不得不认识它们自身。因而，它们不得不是有意识的并且是有自我意识的：

意识实在只是存在于人之间的一张交流之网；它只是作为交流之网而不得不发展；一个像食肉动物一样生活的人本无须意识……仅仅作为一个社会动物，人获取自我意识……意识并不真的属于人的个体的存在，而毋宁属于他的社会或群体特性……只要这尚为社会或群体功用所需要，它就微妙地发展。（GS354）

因此，尼采最终从思想的角度来界定群体和个体之间的关系；遵从群体标准是最终地屈服于一种风格或思维方式。它是一种头脑狭窄或头脑封闭。个体的头脑是例外的，因为它能够超出群体思想的局限来思考。个体是具有新思想者，个体创造新价值。你能够注意到尼采把群体和个体之间的关系界定为哲学关系。

存在于个体之中的作为群体本能的语言

因为意识最终和交流相联系，所以意识最终和语言相联系。（GS354；BGE268）单词是群体信号。语言的进化是因为：如果一个群体，其成员能够通过交流来协调其行动，那么，这个群体比一个未经协调的群体更有可能存活。尼采认为语言在本质上是出于本能的，语言在群体动物种类之中凭无意识的生物学上的力量而产生：

　　语言不是个体们的有意识的作品也不是多数者的有意识作品。所有有意识的思想，仅仅是在语言的帮助下，才是有可能的……语言太过于复杂以致不会是一个单个个体的作品，又太过于统一以致不会是一个群体的作品；它是一个完整的有机体。唯一可供选择的是把它看作一种本能的产品，就如在蜜蜂当中发生的情形。①

　　由于语言是由群体信号组成的，因而对任何独一个别的洞见或思想作语言上的表达是几乎不可能的。任何出现在意识之中的思想已被翻译成为群体信息。语言自身审查个体性。用语言表达的任何思想已经是社会上可接受的了。群体思想环绕思想而放置的狱墙不是用石头而是用语词、语法制造的。
　　个体是在思想中找到路的人，但作为一个人要取得成功（作为一个社会动物），他或她亦必须在说话或交流之中找到路。尼采认为艺术家能够做到这点。尼采不是用"艺术家"来意指画家，在他的头脑中有一切的艺术形式：音乐、雕塑、建筑、诗歌，诸如此类。问题是：逃离语言桎梏的艺术能力和需要用来产生持久的观念结构的那种理性，是罕能结合在一起的，但当艺术创作力、科学理性和实践智慧全部同时发生在一个人的思想和性格之中时，那个人就能够改变群体。迄今为止，就几乎全部人类历史而论，这样的巧合是随机的。尼采所希望的是：人类群体为着蓄意产生个体将开始组织自己；用这种方式，人的进化能够增进。因为如何增进人类进化的问题是关于思想和语言（因为这些是人的属性）的一个问题，所以，它是一个哲学问题。

社 会 习 俗

每个动物都有某种独特的特征使得它能够生存。就群体动物而言，那独特的特征是群体协作。对于由人构成的动物，群体协作尤为重要，因为人几乎没有自然的防御或进攻的武器。我们没有爪子或强有力的牙齿；我们没有厚皮和鳞并且我们不能够快跑或飞走。对于像我们这样的群体动物，智力在生物学上是有用的，因为智力使我们能够设计出超过单个人能力的目标，并且使我们能够协调行动来接近如此伟大的共同目标。例如，科学是一个社会事业，在这个事业当中，甚至天才人物的发展也以科学共同体的发展为预设。

正因为人类缺少做进化斗争用的自然防御和进攻武器，所以像人类这样的群体动物是脆弱的。因而，人类是很容易遭到危险的动物，"危险越大，迅速而容易地达成一致的需要就越大"（BGE268）。迅速而可靠的交流对于人类生存是必不可少的。误解就是死亡。

尼采表明：关于规范和标准的全体一致的协定，由群体达成，对全体具有约束力，具有最大的生存价值。这样的协定必须严格实施，没有例外，因为对共同的规范和标准的任何偏离都增加了误解的危险，从而增加了每一个人和所有人死亡的危险。"迄今，人类最伟大的劳动在于：关于很多事物达成协定并且服从关于协定的法则，不管这些事物是对的还是错的。"（GS76）

群体协定是善；任何其他是恶。群体规范是一个社会习俗。群体规范在最初是专断的。它们的价值并不在于它们的准确性或客观性，而在于它们对所有群体成员具有普遍约束力这个事实。语言是一个群体规范（在非道德意义上的真理和谎言；GS354；BGE268）。道德亦是一种群体规范。

最初，协定比真理具有更大的生存价值。最初，共同不正确比独自正确具有更大的生物学功用。一旦群体具有了足够力量来保证其基本的生物学上的需要，真理就会获得生存价值。（GS110）

存在于个体之中的作为群体本能的道德

道德，如同语言，是群体协定的一个例子。尼采不认为存在任何客观的道德事实。他表明：只存在着道德判断，并且其唯一的价值在于其与人的种类在生物学上的增进之间的关系。

对于尼采，一切道德都是社会习俗。道德并非来自上帝或来自自然。道德法规就像语言：它们负责统一和协调一个群体的成员。道德，最初，与特定的群体有密切关系：每个宗族、部落或社会都有它自己的道德法规。道德法规反映了这个特定群体的具体的习惯：它们是风俗习惯系统，不是抽象的原则。（HHI：96）

群体道德（习俗的道德）不是由一张命令和禁令表组成的——一张关于"你应当"和"你不能"的表。毋宁说，群体道德是人类传统或习俗方式的一个体系。它界定了群体中每个成员的生活样式。群体道德界定了有关男性与女性、少与老、富与贫的生活方式的活动范围。它界定了每个人在群体结构之中的社会角色与职责。道德是在个体的活动之中群体的在场：

我们无论在何处遇见一种道德，我们亦遇见价值、人的冲动和活动的一种等级秩序。这些价值和等级秩序总是一个社群和群体的需要的表达……道德训练个体成为群体的一种功能并且仅仅作为一种功能来界定他的价值。道德是在个体之中的群体本能。（GS116）

道德的自然历史

尼采认为：人类肇始于兽性野蛮状态，在这种状况中，唯一的法则是达尔文的丛林法则：强力产生权利。但那个法则是行使权力的最无效力的方法；它是政治权力意志的最低进化水平，因为它不能够创造或支持合作团体。"强力产生权利"是一个弱的原则。为争取生存而作的无规则的斗争是一场所有人反对所有人的战争。英国哲学家托马斯·霍布斯将那形容为：在那种普遍的暴力状况之中，生命是"恶劣的、野兽般的并且短暂的"。

尼采认为强有力的个体将道路带离了所有人反对所有人的野蛮战争。那些有效力的个体们是统治者和主子：他们是强健的军阀，他们通过强加法律和秩序来停止所有人反对所有人的战争。最初，所有人反对所有人的战争为来自军阀的更大的暴力和野蛮所制止。尼采足够彻底地了解到：人们不愿服从任何法则（否则本来不会不得不存在法律），并且对于原始人，法律不得不以残暴的刑罚为后盾。在人类文明的拂晓，这些军阀是个体。

在人类文明的开始，个体皆是独裁者，那即是，他们皆是僭主或暴君——但其中一些人比另一些人更开明。他们全都按照他们的自我来统治，但他们的自我的较不开明的思想并不使他们的身体或家族延续得更远，而他们的自我的较为开明的思想则包括进了他们所统治的整个群体。越开明则显露为越少自我中心，但那只是因为他们把整个共同体看作为他们自身的部分。较不开明者通过专断的反复无常来统治；较开明者则谋求去保护整个共同体，并且因此他们拟订法律来保证和谐与秩序。

开明暴君是法则制定者。法则是人为人所制定的。它不是为任何神所制定的。尼采深深地崇仰伟大的立法者们：摩西、汉谟拉比、摩奴、梭伦、伟大的法老们、高贵的罗马皇帝们。通过扩展寻求更大权力的自我，这些军阀成为了立法者。在个体的精神发展中，立法者是下一个阶段，而法律完善、秩序井然的文明社会则是群体的下一个阶段。

主人道德和奴隶道德

尼采认为，那些命令者和那些服从者之间的区分对于像人类这样的动物而言是自然而然的："只要人类已然存在了，人的群体（宗族、社群、部落、民族、国家、教堂）亦就已然存在了，并且总是大多数人服从，相对照的是少数人下命令。"（BGE199）

尼采因其在主人道德和奴隶道德之间所作出的区分而著称。（HH45；BGE260；GM1）常常被忽视掉的是他认为主人和奴隶道德两者皆是较低等的人类文明的原始遗骸。在通往更高文明的道路上，主人和奴隶道德的对立必须抛在后面。它们是人性的，太人性的，而"人应当被超越"。

主人道德起源于统治者。统治者决定什么是好的。更为重要的是：他们把他们自己构想为价值和法则的创造者。他们为他们自己感到自豪，他们是诚实的，他们保守他们的诺言，并且他们不说谎。（BGE260；GM2）主人把他们自己作为好的来谈及而将奴隶作为坏的来谈及。尼采说坏并不相同于邪恶。坏的意味着可轻视的、怯懦的、报复的、不可靠的、机能障碍的。

主人道德是来自充溢权力的一种伦理。首要的并且最首要的，它是一种关于自制和自治的伦理学。主人是能控制他或她自己的情绪和激情者。统治权总是始于自我统治，而非始于对他人的统治。主人们相互尊敬，他们帮助较不幸运的人，不是出于同情，而是因为给予帮助就是行使权力。主人是慷慨大度的，而不是吝啬的。他们馈赠，因为他们充裕并且不愁能获得更多。主人们彼此尊敬，但他们不尊敬处于劣等社会地位者。主人道德是一种关于美德，关于为获得杰出而奋斗，关于意愿成为最佳者的伦理。当主人感到疼痛时，他们并不痛苦：他们忍受疼痛。主人并不憎恨他们的敌人，因为他们重视并尊敬他们。主人是感恩的并且是复仇的。他们回报并反击。

奴隶道德则不同。奴隶道德是关于同情，关于出于恐惧和痛苦的怜悯的道德。它是源于怯懦和优柔寡断的一种道德。奴隶，尼采说，没有任何自制，而仅仅对刺激作出反应。奴隶是琐碎的并且吝啬的，因而他们的道德是一种具有琐碎功用的道德。谦恭和自我否定（不是自我牺牲）是奴隶道德的外表。因为奴隶是寄生虫，他们重视谄媚；因为他们太弱或太怯懦而不能诚实坦白地开战，他们重视肮脏的诡计和偷偷摸摸的伎俩。愤恨和被动的进攻性为奴隶道德所赞赏。当奴隶们称他们自己为良善时，则称主人们为邪恶的。奴隶道德是关于恐惧的一种道德。

作为奴隶道德的基督教道德

尼采认为基督教道德是所有可能的奴隶道德中之最糟者。与伟大的希腊罗马道德体系相比，基督教道德是堕落的和病态的。它没有提供任何积极或有助益的东西。

你也许会说尼采是错的，因为基督教道德业已做成了大量好事：有很多社会公益活动，诸如照顾病人和穷人。尼采则背道而驰地认为关于那一点，基督教没有什么特殊之处：犹太教徒、穆斯林、佛教徒、印度教徒、罗马希腊异教徒，甚至无神论者，全都强调帮助他人以建立一个强大而良序的社群的价值。

基督徒崇拜的不是上帝，而是他或她自己的自我（灵魂）。基督徒成为基督徒仅仅是出于自私：由于天国的赏赐。而且，基督徒不做任何事来赚得这份赏赐，而仅仅无须工作就能得到它——只有一个奴隶才会喜欢的某种东西。基督徒想看见他或她的敌人在地狱中永远受折磨：最精致的奴隶怨恨。当然，正如尼采喜欢指出的，这全是想象的。奴隶不能够在现今伤害他或她的敌人，不能够享受由他或她自己现今的工作所带来的任何好处，因此他或她想象：在未来其他某处的世界之中，他或她得到某种他或她在地球上不应得或不值得得到的某种东西。

主人／奴隶的区分从未消失过，它只是变得更精致。就尼采而言，现代产业集体社会只是奴隶制的高度精致的一个形式。尼采表明，现代工厂工人或办公室工人（他们看似自由）和在锁链束缚之中的人一样是一个奴隶。

在地位同等的公民之中的正义与合作

在任何冲突中，存在着两个可能性：一方比另一方更强有力，或者双方势均力敌。在第一种情形中，斗争以一方胜而另一方败而迅速告终。尼采认为，在谋求生存的进化斗争之中，这是最适者生存的经典样式。但第二种情形更为重要，尤其是对于像人这样的社会动物。

在难分高下的对手之间的任何争斗之中，其结果很可能是：在两败俱伤的冲突中没有清楚的赢家。因而自我毁灭的风险对于每方都是巨大的，而胜利的收益则是小的。在这种情形中，去和另一方形成同盟、去谈判、去寻找共同之处并且去合作，对于每一方都是更好的。如果两个竞争对手能够成为合作者，其结果是：出现了较两者中任何一者更强大的一对，这更强大的一对从而能够继续走向更大的胜利。在谋求生存的斗争之中，合作具有显然的生存价值。尼采是明确的：合作不是生自于任何利他的动机，不是生自于任何对他人之爱，而是生自于纯粹的自我利益：对于支配的不受约束的自私的贪欲，是一切合作性的社会组织的创造者。（HHI：92）

确实，尼采认为，公平生于不公平，而正义源于不正义。这是他的论点的一部分：较高的价值生于较低的价值。（BGE2；TI3）当同等均衡的力量学习合作，正义和公平就是必要的了。双方都不愿通过任何方式的不公平行为来冒险得罪另一方。每一方都注意尊重另一方的需要，因为每一方都尊重另一方的力量。正义和公平来自相互尊重，但那以权力均衡为预设。在权力相等的党派的自我利益之中，它们会彼此平等相待，赋予彼此同等的权利。（HHI：451）

权力意志和政治机构

对尼采权力意志观念的最无理性的一个误解是认为尼采赞同一种压迫的政治：主人们被设定为去压迫或支配奴隶。

在一个派别压迫或支配另一个派别的任何群体中，力量不是增加了；毋宁说，力量消耗掉了。如果一个主人不得不主宰或压迫他或她的奴隶，这个主人正在浪费他或她自己的力量，而奴隶们则正在浪费他们的力量。每一方的力量在其反对另一方的斗争中被浪费掉了。压迫和主宰是产生更多权力的低效的方法。

　　力量相等并且因此相互尊重与合作的一对伙伴整体上比较强的伙伴压迫较弱的伙伴这么一对组合是更为强有力的。在一个社会中，男人压迫女人，或者在这个社会上，一个种族、民族或宗教团体压迫另一个，这是一个很弱的社会。这样的一个集体被从内部分裂开了，它的内部摩擦将导致它以内战或内部暴力来自我毁灭。尼采认为这样的社会群体就好像生病的身体，而不像健康的身体。在一个康健的身体之中，所有的器官都和谐地合作。

　　权力意志意欲超越在其中一个团体压迫或主宰另一个团体的社会体系，因为这样的体系是浪费的并且是无效的，在和别的更为和谐地组织起来的社会体系的进化的生存竞争之中，内部分裂的体系将输掉并且被摧毁。权力意志意欲从每个交战的或竞争的复杂当中制作出一个有序的、和平的、运行良好的统一体，因为一个由协作的部分构成的团结一致的、有序的体系比一个内部争斗的体系要更强大。

　　尼采没有因此否认更强有力者把意志强加于较弱者。强有力的主人的最重要的职责就是强加秩序、强加法则。主人的职责就是通过设计法则法规，然后通过攻击性地实施这些法则法规，来结束一切人反对一切人的战争的混乱的无政府状态。这样的进攻性的强制措施常常是血腥的和暴力的：叛乱必须被镇压，匪帮必须被摧毁，民族宿怨和仇恨必须被终止。

在任何集体之内，危险是复仇。小的偶然的触犯都会触发家族、团伙、宗教或道德派系之间的血腥世仇。这是大致相等的力量之间的冲突的消极面：代替同意合作，他们展开一场漫长、持久而没有希望的、相互损耗的战争。这场战争是仇恨的循环，在这个循环中，每个行动都是报仇或对抗。这是反动的陷阱，在这个陷阱中，政治权力意志会受到羁绊。如果没有更强的力量干预的话，暴力的循环会永远继续下去。

尼采很清楚：只有当较强者强加法则和秩序来平息较弱者的反动的仇恨之时，正义才获得了：

无论正义在何处行使与保持，我们都会看到一个较强的力量力图找到对其较弱的下属当中的怨恨的无理性的狂怒的管制方法。此意图的被完成是通过……设计、提议，并且如果必要的话强迫执行和解……但，最重要的是，通过建立法律，这些法律是较优越的力量强加于敌对和愤恨的力量的。（GM2：11）

道德是作为强制而开始的：个体们（主人们）强迫群众（奴隶）服从法则。但然后强制变成了习俗，由于强制产生了习惯性的行为。（HHI：97）然后，道德开始变成精致而有理性的，道德哲学出现了。

在历史上，尼采认识到，社会集团内部和社会集团之间的生存斗争是暴烈的并且野蛮的。他知道人类历史大体上是野蛮的历史，因为那是人类存在的最长时期。我们离动物并不那么遥远。他不否定，在历史上，统治权是通过残忍和暴行来履行的。但他亦表明在人类历史中存在着精神的进步：残忍开始变得精致了。（BGE229，230）

根据尼采，"你想别人怎样待你，你也怎样待人"的玉律是纯粹自利的。然而，正是自我利益造成了精神的进步，正是自我利益找到方法越过了"强力产生权利"的较早的和较弱的原则。这个玉律是开明的自利。尼采从不认为人类——他们是动物——终将进步到超越自我利益。所有可能发生的只是：他们的自我利益能够变得越来越开明、越来越明智和精神化。它能够变得更富于思想、更哲学。

贵族品质与奴隶品质

群体和个体的对比常常与主人和奴隶之间的对比相混淆。

主人和奴隶，对于尼采来说，是伦理学的范畴。主人和奴隶不是法律范畴。因而，主人可以是在法律上受束缚的并且可以是在奴隶的残酷皮鞭下、在桎梏之中的被强迫劳动者。有时奴隶主宰主人。主人和奴隶实在只是性格的类型。尼采亦把这些性格类型指称为：高贵对卑贱，能动的对反应的，康健的对病态的，肯定的对否定的。

存在着一个奴隶群体和一个主人群体；存在着奴隶个体和主人个体。主人/奴隶的对比不同于有力/无力的对比。奴隶能够获得政治权力并统治。专制君主是拥有政治权力的奴隶，而完全基于专制的政治秩序。像在法西斯主义这样的政治秩序中，根本不存在主人。

不幸的是，尼采使用了像"主人"和"奴隶"这样的措辞。今天这些词语的坏的含义使得尼采的理念向不费力的滥用和误解敞开了。更好地适合于他的意图的措辞是"高贵者"和"奴性者"。

有时尼采对比迟钝者和先行者，而那样的对比更好地适用于他的意图，因为它评价了与在人类进化史上相关的人的类型：

不愉快的性格——这种性格充满了不信任，无论何时敌手或邻人达到一个胜利就妒火中烧，并且狂暴地反对一切不是他自己的意见——显明他属于文明的较早阶段并且因而是一个遗迹：因为他和人交易的方式，对于部落时代期间所获得的条件而言，是适当的和正确的；他是一个迟钝的人。另一种性格，则乐于和他的同伴同乐，到处赢得朋友，欢迎每一样新生的和发展中的事物，对别人的光荣和成功感到高兴，并且不声称独家拥有真理而只是充满了不相信的疑惑——他是一位先行者，他朝着一种更高的人类文明而斗争。（HHI：614）

从较低到较高文化的精神进步

由于人类社会在其道德体系和政治组织中获得的精神进步，它越来越少依赖于野蛮统治而越来越多地依赖相对的力量间的平衡，索取和反索取的平衡：

因为无论何处伟大的文明的构筑被发展起来，其目的在于：通过由别的力量的压倒性的集合所形成的机构，来实现竞争着的力量之间的和谐与一致，而无须镇压他们或将他们关入狱中。（HHI：276，Cf.278）

当人类获得从较低文化到较高文化的精神进步时，领导者被要求能够将力量安排成为和谐的秩序，在这个秩序之中，有目的的合作被最大化，而内部斗争的无效性则被最小化。这样的领导是政治权力和道德秩序的艺术家。他们的艺术创造的产品就是社会体系。他们就像建筑师，因为他们不得不创造出稳固的持久的结构；他们像音乐家或雕刻家，因为他们不得不从人类欲望这个可塑材料当中建造出他们的稳固结构，并且这只能够通过和谐被做成。他们是至高无上的开明型的立法者。尼采称这些开明的领导者为超人。

尼采不赞成理性的社会工程学：人太复杂和太无理性而不能成功地强行放进简单的理性的结构中。与他的达尔文主义的看法相一致，尼采提倡社会实验主义（BGE223）。自然选择会从失败中整理出成功。

19世纪是一个进行了伟大社会试验的世纪。怀着关于人们应该如何生活在一起的新颖理念的男人和女人，建立起了很多乌托邦社群，当然，为了有社会经验，就必定要有试验者：那些能够想出社会组织新形式者和那些愿意尝试照着那种新形式生活者。用进化论的术语来表示，就是为了物种的进步必须有偏离和变异（HHI：224）。试验者们是例外的个体，他们的生活样式不同于群体的同质化的生活样式。他们是尝试者（BGE42）。他们是精神的先锋。但尼采担心社会正在开始变得如此彻底地类似畜群，以致它会扑灭有着不同生活方式的任何人，结果是试验者们将会消失。

自由精神和被束缚的精神

古代社会以明确而野蛮的主人制和奴隶制的形式为特征。在希腊人和罗马人当中，这些开始变得更文明、更精致、更细微。在中世纪，主人和奴隶关系开始变成封建制度的庄园主和农奴关系：庄园主和农奴两者都受到相互负责的法规的约束。在现时代，主人—奴隶关系变成了经济的：主人是雇佣者或老板，奴隶是受雇者或工人。在他自己的那个时代，尼采认为这种关系业已变得十分精神化和精致：奴隶是受束缚的精神，主人是自由的精神。

奴隶被物质锁链残酷地捆绑或被物质的暴力所统治，而被捆绑的精神则是为心灵的锁链所束缚。由于锁链是由思想做成的，它们就更精细且更坚固。被束缚的精神甚至不能够想到自由，因为他或她不能够想到任何别的生活方式。

尼采很清楚奴隶制是一种伦理状况，一个人可以是奴隶，无论他拥有多少金钱和政治权力，"如同在所有时代，同样在现在，人被分开为奴隶和自由人；一个人他自己不拥有他的一天的三分之二的话，他就是一个奴隶，无论他另外可能是政治家、商人、公务员、学者"（HHI：283）。自由是空闲，它是闲暇。但它不是懒惰被动的或迟钝的空闲（HHI：284）。它是动态的空闲，它是独特的思想从中生长出来的肥沃土壤。事实上，尼采表明：那些因其不断忙碌而看似活跃的人们常常在精神上是最懒惰的，因为他们从不抓时间来形成他们自己的意见，来从思想的一般性中制订出他们自己的独一无二的个人的拯救方法。富有的银行家仍然是一个金钱的奴隶，他不会苦恼于自己去询问为什么财富是有价值的；有权势的政治家是公众意见的奴隶或者他或她自己的自我的奴隶，他不会苦恼于自己去询问为什么这样的权势是有价值的。诸如此类的就是活跃者的懒惰。（HHI：286）

精神的束缚是观念的和习惯性的。在一个人的性格之中深深地用壕沟防护起来的持久不变的习性是精神的束缚（GS295）。精神的束缚是束缚于习俗、人、制度和技术。例如，精神束缚是那些将我们捆绑于一种职业，一家公司或一桩买卖，一个配偶或家庭，金钱或地位，政党或意识形态，一个宗教教派，饮食，瘾，疾病，属于自己的或社会传统的过去，日常惯例和公众意见的束缚等等。

如果到这样的程度：一个人认为一个人不得不为一家公司做一份全职（9点到17点）工作，一个人不得不在郊外有一座房子，一个人不得不是一个消费者，一个人不得不拥有一个核心家庭，一个人不得不拥有一辆小汽车，不存在着工作、生活、在社会上活动的别的方式，那么，这个人是一个精

神上的奴隶。尼采的论点是：存在着别的方式，必然存在别的
方式。

根本说来，自由精神独特地思考，不驯服于群体习俗
（HH1：225）。自由精神是愿意冒险者，是不畏惧失败者。要
生存下来，自由精神需要非凡的机智和更新的力量，因为一个
自由精神在危险地生活着（GS283）。自由精神试验不同的生
活方式。自由精神不愿拘泥于常规，而是不止息的和动态的。
自由精神有短暂的习性（GS295）。自由精神在于他或她的每
日常规试验中，总是为高贵而奋斗，那即是，最大化他或她的
创造性潜能（GS22，308）。自由精神试验他或她的生命的所
有方面，总是为他或她的独一无二的康健的最佳状况而奋斗。
（HHI：286；GM3：7）

现代性的问题在于奴隶（受束缚的精神）拥有一切权力；
主人（自由精神）没有权力。它是群体对个体的完全的胜利。
那些命令者，那种通过为人类创造新价值和新的可能性来领导
的命令者是缺乏的："顺从的群体本能被最好地继承了，并且
以牺牲命令的艺术为代价。如果我们想象一下这种本能一旦进
展到其最终的过度，到那时那些命令者和独立者会最终完全短
少"（BGE199）。尼采认为：现代社会十分接近于对任何变异
的或越轨的事物的彻底压制，它把邪恶界定为从规范偏离出来。
对于现代社会，每个越出正轨者皆是乖谬者，而所有乖谬者都
必须被拉平。顺从是残忍地被强加的。

超　人

　　尼采把有战斗力的自由精神称为超人。超人是尼采把古典哲学的"智慧人"或圣哲的概念现代化的方法。它是柏拉图的"哲学王"、亚里士多德的"伟大灵魂的人"和斯多亚与伊壁鸠鲁的"圣哲"的精致化。超人有很多不同的表象。时常，并且从不同的透视出发，超人表象为一位先知，或者一位祭司，或者一位暴君。超人是，如尼采所表述，在善与恶的彼岸的，即是说，超人是超越了奴隶道德和看待生活的奴性方式的。

　　超人为一股极端的权力意志所驱使，并且因而行动中超越了自我利益和纯粹自我主义。而超人的自我则在精神上被精炼并达到极高的普遍性。它是这样一个自我：它把自身看作包含整个人类，在这样的意义上：它自己的自我提高是每个人的提高——如果人类历史可能延伸到未来的话。

　　超人是这样一种人：他或她自己承担对作为整体的人类的责任，人类迄今证明无能力担当这一责任。尼采认为，这多半是真实的，因为我们认为存在一位为我们负责任的上帝。因而，我们不烦恼于自己为我们自己或为我们的种的未来承担责任。超人的道德是成熟的个体的道德（HHI: 95），它是纯粹自利的，但那个自我是整个人类物种的整个自我。超人具有最高度的自我控制和自我调整：超人的自我主宰使之有充分能力对全人类担负责任。

要理解超人，我们需要讨论功利主义。超人是一种超级功利主义的代理人。尼采常常表明反对功利主义，功利主义把有用看作最高的价值。某物只要它增进幸福，在痛苦最小而快乐最大的意义上，就是有用的。因此功利主义者引入了最大幸福原则：某事物导向最长时间中最大数量的人的最大幸福，在这种程度上某事物是好的。尼采反对功利的理由是，它通常被还原为奴性的群体功利：对群体在此时此地有用的就是有用的，仅仅为着这个群体在此时此地的生存，而不是为着人性的进步。幸福是最小痛苦和最大快乐的观念，是酒鬼或嗜毒者看待幸福的方式：一种昏呆的或麻醉的迷糊状态。在这种状态中，真实的感觉被一种模糊的和迷幻的高峰状态所麻痹和代替。尼采蔑视这种幸福观念。

　　超人是一个超功利主义者，因为他或她不在最小痛苦和最大快乐的奴性的意义上来诠释幸福，而毋宁把幸福作为功能上的杰出、作为最佳工作状况、作为全部的人类可能性的最大的实现来诠释。例如，伟大的运动员为了达到伟大的目标甘愿经受巨大的痛苦。超人否认人是羊，或者生活在一种麻醉的昏呆状态中是一种正面的生活方式。对于人性，超人在心目中有伟大的目标，并且超人向望一种充满了光荣的大胆和惊人的成就的历史。超人向望知与行的最大程度的延展。

　　科学和技术业已给予人类巨大的力量，可以在地球上建立一种超文明，也许可以在我们的太阳系之中的其他行星上开拓殖民地，可以获得更伟大的知识，可以变得像我们的原始的宗教之中所梦想的诸神一样。然而野蛮的迷信和粗鄙的幻想，尤其是宗教信仰捆绑了我们，我们由于这种捆绑而退缩不前。尼采充分觉察到：人性的非理性的一面需要得到满足。他认为，一项人的伟大工程的观念是这样的观念：在其荣耀之中，人性的非理性的一面能够被抓住并升华。

为了朝向伟大的目标来定位人的理性和激情，超人践行一种开明的专政。人性中的卑下的或奴性的成分——人的反动性——不得不被统治，并且常常被以残酷和野蛮的方式统治。尼采对于人所能够做出的野蛮是没有幻想的。他知道超人对人性的爱常常是粗暴的爱：

○ 他会如此熟练地使用欺诈、强暴、最残忍的利己主义作他的手段，以至于他只能被称为恶棍、恶魔；但他的旨趣——光辉四射，会是伟大而有益的。他会是人马，一半是野兽，一半是人，另外在他的头上还附属着天使的翅膀。（HHI：241）

即使如此，超人的专制是如此高度精神化的，如此哲学的，以至于这种专制使用尽可能少的暴力逼迫和暴行：它并不旨在镇压或压迫人兽，而旨在使这种野兽为一种更高的目标而工作。超人以一种技艺来工作，那种技艺既吸引人性的动物性的部分又说服其理性的部分。超人践行尼采称为快乐的智慧的某种东西：科学理性、实践智慧、立法美德和艺术的融合。（AOM108；GS112）

尼采认为现代性导致的那种危机将要求超人来干预。我们不得不面对这个事实：我们的命运不是为上帝所决定的——上帝死了。我们需要在这颗行星上，在这个宇宙之中保全我们的未来；我们需要将人兽置于控制之下，需要给我们自身的深层的生命力套上轭具以使之服从于高贵的目标。今天，当人类不顾后果，为了最琐屑的贪心去冒毁灭地球的危险时，尼采的理念是值得认真看待的。我们并未正在很好地管理我们自己的事情。对于后代或者对于人类的命运，我们毫不关心。我们卷入了不屈不挠的和盲目的自我毁灭的过程中，因为我们为盲目的生物命令所驱动着去生殖和消费。超人旨在给这些生物力量套上轭，使之服务于全人类，且在功能上是最伟大的杰出事业。

肯定的伦理学和政治学

尼采期望整个人类物种有肯定的政治组织而不是迄今人类政治所具的否定的组织，他构想了关于这个物种的组织：在这个组织之中，个体是自由的并且是强有力的，并且在这个组织之中，个体对他们自己并且对群体负责任，不是为了迫使群体顺服，而是为了尽量有效地利用和增进人的可能性，并且为了整个人类物种实现最伟大和最高度的善。尼采有一个乌托邦的看法，这个看法不否认人的苦难和不幸，而是把人类的苦难和不幸当作原材料，高贵就从这个原材料中雕刻出来：

> 我的乌托邦——在社会的较良好的秩序之中，生活的重活和急务将被分配给经受痛苦最少者，那就是说分配给最麻木无感觉者，并且从而一步步轮到对最高度的升华的痛苦种类的最敏感者。（HHI：462）

人类的痛苦和不幸能够变得有意义，如果人类作为一个整体从事于一个伟大的工程（这个工程当被所有人肯定）。尼采设想的那个世界和肯定生命的政治组织的目标是：为人在最长久的时间内机能上的卓绝。那就是他的贵族政治——由最杰出者为最杰出的目的统治。我们仍然需要决定什么是最好的；但尼采认为我们只有通过自己去试验才能够决定什么是最好的，不是盲目或迷信地，不是根据野蛮的意识形态，而是自觉地和科学地决定什么是最好的。

注释：

① 弗·尼采:《论修辞和语言》，S. 吉尔曼等译（New York:Oxford University Press，1989），P.209。

6

On Nietzsche —————— 永恒回归

发生和回归

尼采哲学最重要的部分之一就是同一的永恒再现，也称作永恒回归。解释它的最简单方式是：它意味着，一切事物一遍又一遍地发生：

> 像你现在正生活着的或已经生活过的生活，你将不得不再生活一次，再生活无数次。而且其中没有任何事物是新的，在你人生中的任何痛苦和高兴和叹息，和不可言表的细小或重大的一切事情将不得不重新光临你，而且都是以同样的先后顺序和序列。（GS341）

像很多深沉的哲学思想一样，这听起来很荒谬——当你开始思考它的时候。当你真正思考它的时候，你进入越来越深的理解层面，直到你发现这种观点和你最初对它的想象对比有了变化。

我对永恒回归极其严肃地重视。我将把它留给你去判断是对还是错，但是我不认为它是一个神话或一个玩笑。①我不认为它是诗歌或胡说。我也不认为它是一种物理理论。

同一的永恒再现说的是：现实是如何秩序化的，关于发生，它说了一些极端的话。它说现实必然地重复它自己。它说，任何发生都是一种回归。永恒回归是关于基本的逻辑范畴的；同一和不同，一和多，部分和全体，简单和复杂，具体和抽象，特殊和普遍。

权力意志说的是，为什么有一个世界而不是什么都没有；永恒回归说的是，为什么在这世界中有秩序。因为权力意志重复它自己，所以现实有秩序。权力意志的"是"就是永恒回归的"再一次"。权力意志和永恒再现一起形成绝对肯定。

回归和不灭

永恒回归的结果之一就是，你和我不灭，虽然并不连续。你有无限多的身体和生命分布在整个永恒之中。你的生命被一些很长的你的身体不存在的时期所打断，但是在这时期之前或之后的任何时期，你都存在。你将永远再次地存在，你无限地经常出生、生活和死亡。

永恒回归是完全物质的或自然的，因为正是你的自然身体回归。没有非物质的灵魂或精神。因此在某些意义上，永恒回归和基督教的肉体复活的教义类似。原初基督教关于复活的教义强调肉体的永生。它不涉及任何灵魂。但是，永恒回归和基督教复活教义不同，因为任一回归的肉体仍是要灭亡的，而且因为没有道德审判机制将你复活的身体放在天堂或地狱中。永恒回归完全发生在这个世界之中：没有另一个世界，没有任一个更好的世界（天堂），也没有一个更坏的世界（地狱）。这个世界就是全部。回归不是再投胎，因为没有灵魂投入到另一个身体（投胎），因为你是在你现有的身体中再现。在不同的发生之间没有知觉，也没有对以前发生的记忆。但是有很细微的知觉可以忆起你的往生，因为它们像你的现世，而且你记得你现世早期的生活。

由于永恒回归意味着你永远有一个未来，因此，这是一种在面对死亡时能够给你提供一些安慰的理论。尼采知道这一点，而且他认为，永恒回归所提供的安慰和其他的人身不朽所提供的安慰比起来，更多地肯定生活。肯定永恒回归也就是肯定在这个宇宙中的你的身体和生活。它不是禁欲主义的其他世界论：没有其他世界。这个宇宙就是回归者。

永恒回归的表现

回归是一个很古老的观念，在西方很可能是为毕达哥拉斯学派第一次提出。古希腊哲学家欧德谟斯（Eudemus）站在他的学生们面前说："如果你们相信毕达哥拉斯学派，即认为同一事物将回归，那么我将再一次对你们说，像你们现在这样的坐姿以及其他任何事物将来都会正好再演。"②这种观点看起来在《旧约》中也有。《旧约》传道书1：9说："已有的事后必再有；已行的事后必再行。日光之下并无新事。"赫拉克利特和斯多葛学派也谈到永恒回归。尼采知道这些老版本的回归。（EH5：3）

尼采第一次讨论回归提到毕达哥拉斯学派。毕达哥拉斯学派将回归想象为宇宙中的物理事件的模式的重复。（UM2，P.70）尼采否认这样的物理事件重复发生过，因为"掷骰子游戏绝不可能产生任何和其过去产生的事物一样的事物"（UM2，P.70）。永恒回归是比物理重复更深刻、更奇特的观点。

在《人性的，太人性的》和《曙光》中，尼采看起来忘记了回归。这种观点在《快乐的科学》中又出现了，尼采说，"世界是一个音箱，它永远地重复这个调子，这调子绝不能称之为旋律"（GS109）。在一个题为"最大的重量"（GS34）部分中，尼采用永恒回归来表现一个伦理困境：你是否愿意像你曾活过的一生那样一次又一次地再活？

在另一本书《查拉图斯特拉如是说》中，尼采发明了一个名为查拉图斯特拉的角色，一个有很多远足的漫游哲学家。在一次游历中，查拉图斯特拉爬上一座山并和一个侏儒（消

极和绝望的精神）争论。查拉图斯特拉有一个关于永恒回归
的景象：

> 凡一切事物之中能行的，岂不是必走过这条路
> 么？凡一切事物中之能有的，岂不是曾有过：作过，
> 而且过去了么？倘若一切皆已有过：你侏儒以为这
> "此刻"是什么呢？便是这孔道不是也曾经有过？
> 一切事物岂不是皆这么紧相纠结，以致这"此刻"
> 吸引去一切将来的事物么？这么——终于本身也随
> 之而去？因为一切事物中之能行的：也是在这长路
> 上向前出去——也必定再一起前行！——而这迟钝
> 的蜘蛛，在月光里爬行的，和这明月光，以及在这
> 道上的我和你，互相絮语，语及永恒的事物——我
> 们这一切岂不是皆曾有过？（Z3：2/2）

后来，查拉图斯特拉和他的动物——一只鹰和一条蛇谈话。
他们告诉他，他们理解永恒回归理论：

> 看哪，我们知道你的教理；万物永恒回归，我
> 们和万物一齐；我们已经生存了无量次，万物和我
> 们一起。你教人，有一种"生成之大年"，有一种大
> 年中之巨人；那必须如一种沙漏永远翻新，永远流

转。所以一切那些年代在最伟大之处相似，也在最渺小之处相似，所以我们自己在大年中也在最大之处，和最渺小之处相似。哦，查拉图斯特拉哟，假使你现在死了，看啊，我们也知道那时候你将如何对你说话——但你的动物们还求你暂时不要死！但愿你说话，无畏而自满，因为一种大的重负和压迫当脱离了你，你最坚忍的人！"现在身死而消灭"，你当说，"在一刹那间我化为乌有。灵魂也如同肉体一样地速朽。但是我所缠绕着的因果之纽带循环着，它将再创造了我，我自己属于永恒回归之因果律。我与这太阳、这大地、这鹰、这蛇，重新再来，但是不是一种新的生命，或更好的生命，或相同的生命：我永远成为这'一致而同己'的生命重新再来，在最伟大和最渺小的事物之中再来教人以万物之永恒回归"。（Z3：13/2）

经历所有的组合

经典的关于回归的主张建立在结合之上。英国哲学家大卫·休谟像这样表达他的主张：

有限数目的质点证明只有有限的位移；在无限持续中，任何可能的秩序或位置一定会无数次地尝试到。因此，世界的所有事件，即使最细微的事件，以前已经被产生过并被毁坏过，而且将再一次被产生和毁坏，没有任何边界和限制。任何一个对于无限和有限比较起来所具有的力量有所认识的人，将绝不怀疑这种必然性。③

最后，在 1888 年笔记中，尼采有一个非常类似的对建立在事件组合之上的回归的证明：

如果世界被思考为确定有限数量的力和确定有限数目的力的中心……那么，在存在的巨大的掷骰子游戏中，一个可计量数目的组合将被经历。在无限的时间中，任何一种可能的组合将在这时或那时被实现；而且，它将被无数次地实现。而且由于在任何一种组合和它的下一次回归之间，所有其他可能的组合都将发生……绝对同一的系列的循环运动将被证明：世界是一种循环运动，它已经无限地经常地重复自己并无限地玩掷骰子游戏。（WP1066）

尼采在《查拉图斯特拉如是说》和《权力意志》中对回归

的证明表明，它并不依赖物理事实，也不以之为前提。《权力意志》中的证明仅设定：只有有限数量的物理事件（力的中心）的可能组合，而有无限数量的时间。有限和无限的概念是数学的，而推理也是数学的。

尼采《权力意志》中的组合论证明排除了对永恒回归的一种误读。这种证明表明，没有任何一种特殊的、幸运的事件系列，或宇宙历史被拣选出来以使之回归而排除所有其他的。尼采说，所有的组合将发生：所有可能的事件系列将发生，所有可能的宇宙历史将发生。

我们宇宙所有可能的历史都会无数次地发生。因此，我们太阳系所有可能的历史，我们地球所有可能的历史都将无数次地发生。将这种抽象用之于个人：你的身体的每一种可能历史都将无数次地发生。你并不只有一个传记。尼采相信命运。你的命运就是活所有可能的活法，做所有可能的事。在这种情况下，"自由意志"就无用了。你是自由的，因为没有任何你能做的事而你不能做。你不被阻止去做任何能做的事。如果这不是自由，它是什么呢？尼采否认"自由意志"以肯定更大的自由，一种自我的绝对自由，一种对自我和世界的绝对肯定。

游戏中的重复

以组合论来思考永恒回归的方法之一就是，以游戏论来思考它。游戏是有着清晰规则的活动。一个游戏就像一个小宇宙。从 1874 年到 1888 年，即从他写作生涯的起始到终结，尼采一直重复这种形象，这一事实表明它不是偶然的。权力意志就是回归的掷骰子游戏。

一枚硬币有两面。很可能最简单的你能玩的掷骰子游戏是抛一枚硬币，然后写下硬币着地时哪一面在上。它必然以正面（H）或反面（T）朝上。假定你抛 3 次。如果硬币着地是正面、正面、正面，那么你写下：HHH。抛 3 次有 8 种可能的系列：HHH、HHT、HTH、HTT、THH、THT、TTH、TTT。你能发现一旦你抛硬币 3 次，那将一定有重复：或者 H 或者 T 一定会再现。这没有任何偶然性。这是必然的，因为仅仅只有 2 种方式供硬币落地，而你抛的次数超过了 2。

现在假定你在和一个对手玩三连棋。三连棋只有有限数量的玩法。如果你是 X，那么你第一步有 9 种走法；如果你是 O，那么你第一步有 8 种走法，因此双方走第一步会出现 9×8 种方式。如果你们玩至所有系列都被试过，那么将有 $9×8×7×6×5×4×3×2×1=362\ 880$ 种不同的走法。这看起来是很大的一个数目，但是它们是有限的。如果你玩 362 881 次这种游戏，那么其中有一次走法必定会被重复。同一游戏回归了。

你可以将三连棋推理扩展到国际象棋。国际象棋的所有事物都是有限的。有限的棋子，棋盘的格数是有限的，游戏规则导致移子方式也是有限的。国际象棋大约有 10^{44} 种不同的下法：

一个 1 后面接着 44 个零。这是一个很大的数目，但是它是有限的。如果你下过 10^{100} 次国际象棋，你将必然重复以前下过的棋局。完全相同的棋局回归了。

并不是所有的游戏都建立在规则之上。掷骰子游戏依赖运气。你扔骰子来定你的走法。或者走法仅是任意的。你可以很容易地想象一个永恒的国际象棋盘，有 32 个永恒的棋子，这些棋子全部随意地走。这一游戏没有开始也没有结尾：它无限地可以往过去推，也无限地进入未来。在这个小宇宙中，没有任何事物被创造或被毁灭。由于只有有限的棋子和方格，因此只有有限多的棋子移动方式；因此某一时刻某种秩序将会出现。甚至将会有这样的很长时期：在其时，棋子会根据国际象棋规则走，甚至在某些时期，会出现符合规则的一整盘国际象棋。因此，在非常任意的再安排之后，将必然会出现一些重复出现的国际象棋走法，最终甚至出现完全重复出现的整盘棋局。

物理学既不肯定也不驳斥回归

你能够完全同意任何物理理论而同时仍然肯定永恒回归。物理理论既不肯定也不驳斥回归，因为回归不是一种物理理论。因为没有任何物理版本的同一的永恒回归能走那么远，因为同一的回归是整个物理宇宙。

我们最完美的物理理论，甚至一个绝对最完美的真实的物理宇宙理论（如果有那么一个理论），也只不过是关于我们所生存的这个时空物理宇宙的一次发生的理论——对这样的对象，这个理论是真实的。因此这样一种理论完全不能断定：整个物理宇宙是否还有别种形式的发生，因为别种形式的发生不在物理宇宙之中。它们在物理时空之外。

当然，没有任何事物理性地外在于我们宇宙。但是这并不意味着，没有事物逻辑性地外在于我们宇宙。就我们所知，有很多别的宇宙——真实的物理事物，它们和我们的宇宙有逻辑性的关系而没有物理性的关系。也许没有别的宇宙。但是是否有别的宇宙是一桩不能由任何物理理论解决的公案。

同一的永恒回归不是关于在时间空间之中的重复；它是关于时间和空间的重复的。回归不是发生在一个宇宙中的一种事物；回归发生在所有宇宙中。以此之故，这就是一种永恒回归的理论。在任一单个宇宙的内部没有回归；回归反映的是宇宙之间的外在关系。它不是反映同一个宇宙中很多物理部分之间的关系；它反映的是不同宇宙之间的非物理关系。

以国际象棋回归为例

任何一盘国际象棋棋局就像一个小宇宙。它发生在棋盘上，棋盘是一个很小的二维空间。每一方格是空间的一个单元。每一盘棋都在时间中占有空间，因为每一步棋是接着另一步棋往下走的。每步棋都花费时间的一个单元。国际象棋的规则是关于人们所走的种种棋局的最好理论。它们规定什么样的布局和走法是可能的。

假定你是某一棋局中的一颗棋子。你从一处挪到另一处。你努力地找出你的宇宙的规律，当然，它们就是国际象棋规则。你观察棋子如何在棋盘上移动；你发现它们如何被吃掉。过一会儿，你找出了规则。你有了一个真实的关于你整个物理宇宙的科学理论。你知道，你的国际象棋宇宙开始于一个特殊的布局，然后经过一系列的移动而演化。卒子永远往前走，从不后退；棋子消失后永不回来；棋子的数量一直在减少。你认识到最终游戏以将死或和棋结束。在国际象棋宇宙中的变化是不可再重演的，因此这个宇宙有一种"时间之矢"，它指着一个方向，朝向游戏的终结。你的世界被注定了。

任何你能够形成的这个宇宙的理论依赖于你在这个宇宙之中所作出的观察。你不可能物理性地从你所在的物理性时空中出去，从而从外面收集关于整个时空的数据，因为没有任何物理方法可以走出一个物理宇宙。因此你不可能有这一游戏之外事物的任何科学理论。但是，这并不意味着在游戏之外什么都没有。没有任何可能的科学证据表明，在这个游戏之外有或无事物。你不可能有一种科学理论，但是你能有哲学理论。例如：

永恒回归。

有一件事是确定的：你的国际象棋宇宙不是嵌于一个更大的国际象棋宇宙之中的。如果你的国际象棋宇宙是嵌于更大的游戏之中，那一更大游戏则有不同的规则。它的规则是关于下棋类游戏的规则，而不是关于下国际象棋的。例如，一个规则可能是：在一场游戏之后，重新摆棋再下另一局；在一场游戏之后，双方交换棋子颜色。这些不是关于国际象棋规则的。

重新摆棋涉及将棋子放回它们的最初位置。但是，所有这些动作都不是国际象棋走法。相对于国际象棋游戏中的时间来说，重新摆棋不占有时间。它并不发生在下国际象棋的时间之中。对于任一正在下的棋来说，总有一盘先在的棋，而且总有一盘下接的棋，但是先在的那盘棋并不时间性地早于或先于现在这盘棋，下接的那盘棋也不时间性地迟于或后于这盘棋。在棋局之间不存在时间性联系。重新摆棋时的移动并不发生在下国际象棋的空间之中，因为将一个棋子拿开棋盘放回它棋盘上初始的位置不是在国际象棋棋盘空间之内的移动。从每一局国际象棋游戏内部看，最初布局的出现就好像是一个奇迹，像上帝的一次创造行动。但是，这并不意味着它真的如此。

没有事物空间性地或时间性地外在于这个宇宙，因为它包含着所有物理性时空。但是，可能有事物形而上地外在于或独立于这个物理宇宙。它可能是某种类型的非物质的精神世界，例如柏拉图的形式的世界，或者基督教的天堂和地狱。尼采否认有任何形式的或精神的世界。如果有外在于物理宇宙之外的任何事物，那么它又是物理宇宙。

回归的单元是整个宇宙

回归思想所遭受的最倒霉的事之一就是，它被误解为一种物理性理论。但是永恒回归的哲学理论不是物理性理论。今天流行的一个关于宇宙历史的理论说，它起始于一个"大爆炸"，一个能量的巨大爆炸。热力学第二定律说，宇宙将像一座钟一样终止：当能量消失、宇宙冷却下来时，宇宙将死于"热寂"。根据这种理论，宇宙将继续扩张。如果宇宙像这样，将没有物理性的回归。但是这并不意味着根本没有回归。

任何一种将永恒回归的哲学理论等同于任何一种物理理论的做法，是没有理解它不是一种物理理论。假设宇宙起始于一次大爆炸，然后持续地在走向未来中冷却下来。宇宙历史是一种无限系列的物理事件。但是，在无限多的系列事件的回归中没有任何事情不可能。

让大爆炸发生在时间 0，让下一个物理事件发生于时刻 1/2，再下一个事件于时间 3/4，再下一个事件于时间 7/8，再下一个事件于时间 15/16，一直下去。在这个系列中第 n 个事件发生于时间 $2^n-1/2^n$，这里 n 是整数。有无限多的整数，因此在大爆炸的时间 0 之后，可能有无限系列的事件。在时间 0 大爆炸开始的系列没有规定在时间 1 将发生什么。什么事情都可能发生。在时间 1，可能有另一次大爆炸；在时间 2 时，大爆炸所起始的宇宙将冷却而走向其时间性的限度；在时间 2，将有另一次大爆炸。那个宇宙在时间 3 将冷却并走向其时间性的限度。在时间 n，有第 n 次大爆炸；那一个宇宙将在时间 $n+1$ 时冷却并走向其时间性的限度。由于任何一个系列的在时间 n 开始于大爆炸的事件不能达到时间 $n+1$。在任一时刻的大爆炸在前一系列中都没有原因。在每一系列中的事件完全物理性地独立于那些先于和后于其的系列。在这些系列之间没有物理性的联系。这些大爆炸中的任何一个可能使一个正同于其前一个系列的物理性进程开始。

空间和时间的回归

时间的回归不是唯一种类的回归；也有空间性的回归，其中在一个宇宙之中整个空间的宇宙结构回归。你可以将空间和时间回归结合起来得到时空回归。

乔赛亚·罗伊斯（Josiah Royce），一位与尼采同时的美国思想家描述了一幅在英国之中的英国地图。在这种情形中，该图是该地区的一部分，因此该图包含一个准确的对自己的复制，而这个复制又包含一个准确的对自己的复制，如此下去，直至无穷。它是无限地自己套自己的地图：

○ 　　　　一幅英国地图，包含在英国之中，表现了所有发生在英国地面上的事物，细微至最小的细节，至每一个自然的或人工的轮廓和标记……该图，为了完全，根据已给出的规则，将必然又一次包含作为它一部分的对它的轮廓和内容的复制；为了准确，这种复制将又一次包含它自己的形象；如此下去无有限制……④

当然，如果像罗伊斯图那样的事物存在，那么罗伊斯自己对它的描述只是对了一半。故事的另一半是包含有自己的图的英国事实上又是一个更大的英国中的一个图，而更大的英国又只不过是一个更大的英国中的一个图。就像每个图在其中包含着另一个图一样，每一个图又被包围着它的图所包含。

很容易将罗伊斯的自己套自己的图修正以包含时间。图是静止的。但是电影像图的一种时间系列：电影的每一画面是某一时间点的图，它是宇宙时间切片的图。因此，不止于仅一张图，假定在英国之中有一个完美的图影英国的电影。电影的每一张图片在其内部包含有一张更小的对自己的图影的图片，而这张图片又包含一个更小的对自己的图影。当然，每一张图片又包含于一张更大的图片中。电影包含电影，被包含的电影又包含电影，如此下去。如果电影是一张重复的系列图片，那么回归既是空间又是时间的。罗伊斯的图是两维的，加上第三维，你将有一个无终结的自己套自己的三维图。加上时间这个第四维，你将得到一个无终结的自己套自己的系列时空图即物理宇宙。

树 中 之 树

抛一枚硬币。抛一枚硬币这一事件有两种可能的结果：着地或者是正面（H）朝上或者是反面（T）朝上。为了将这种可能性形象化，想象一下两条路分岔。一条路称为"H"，另一条称为"T"。你可以将抛硬币想象是断定你将选取哪一条路。或者你可以将之想象为确定硬币自身两种可能的历史，一种以正面（H）朝上着地，一种以反面朝上着地。作为硬币的可能性来说，它们都同等真实。

在你将硬币抛过一次以后，你可以再抛一次。因而，在每条路的末尾有另一次分岔。在"正面"一路的末尾，有另一次"正面／反面"的分叉。这种分叉的道路网络就像一棵树。在这棵树中，有 4 条路：HH，HT，TH，TT。每一条路是抛 2 次的一枚硬币的一种可能历史。如果你在 4 条路的每个末尾再加一个"正面／反面"的分岔，你将得到一棵有 8 条道路的树：

HHH，HHT，HTH，HTT，THH，THT，TTH，TTT。在 8 条道路的每个末尾你可以再加一个分岔，直至无穷。结果是一棵有着无限多的"正面/反面"分支的树，结果是一棵无限之树。

正像你在任一分支系列的末尾加上又一次"正面/反面"分支一样，同样你也可以在这一系列的起始这样做。你总是可以假定在此之前硬币被抛过，如此分支可能性之树就没有起始。这树往过去和往未来都是无限的。

任何一种正面和反面的可能系列，无论是有限的还是无限的，都是在分支可能性之树之中。这一硬币所有可能历史就在这一分支可能性之树之中。如果你仅仅只有一枚硬币（一枚永恒的硬币），而且你一次又一次地、无限多次地抛掷，那么你之抛掷在这棵树中选择了一条特殊的路径。每次你在路上碰到一个分支，你抛掷硬币确定一条路，走下去，直至你又来到一个分岔口。

但是为什么将你自己限制于一枚硬币呢？或者仅仅限制于一个自我？在道路上的每一分岔口处，你和你的硬币各裂出两个复制品。你再分出你自己和你的硬币。现在你和你的硬币就有孪生者，只不过一个你所有的硬币"正面"朝上，另一个你所有的硬币"反面"朝上。"正面"朝上的孪生者沿着"H"分支走；"反面"朝上的孪生者沿着"T"分支走。在每一岔路口，你再一次分殖。有无限多的硬币和无限多的你。这枚硬币的所有可能历史都是有实现可能的。

这一无限分支的可能性之树表示了权力意志的组合性结构。权力意志实现了所有事件的可能性物理组合，即宇宙的所有可能历史。当然，这一例子的要点不是说，一个能自我分殖的孪生大军走过这棵树的结构，他们在走的时候都抛掷他们的也能分殖的硬币。要点应该是，任何一个有限分叉的完整系列都有一个可能性分叉的树的结构。结构是逻辑性的：它不依赖于任何特殊的物理性事实。它仅仅依赖于组合事件。这种树是纯数学的。

　　代替硬币的可以是一个有 6 个面的骰子。在每次抛掷后，树分出 6 个分支。

　　任何一棵具无限分支可能性的树，是一种像罗伊斯英国套英国的图一样的自我套自我的结构。如果你在这棵分支可能性的无限树中选取一点，你将发现在这棵树的根部包含着具有完全相同结构的次一级的一棵树，而它自己又被一棵具有完全相同结构的上一级的一棵树所包含。这是树中之树，这像罗伊斯的英国套英国的图。

　　如果作为权力意志的世界是那样一棵无限地自己套自己的树，那么世界包含一个对它自己的完全复制，并且它又被更高一级的复制所包含。结果，任何事件的可能系列都无限次地发生。在这棵无限自己套自己的树中，任一种依次下去的道路是世界的一种可能历史，它包含着无限多的对任何系列事件的重复，因为道路向过去和向未来无限地延伸，而且因为在每次分支中只有有限的可能性。任一种次序的道路都是一个宇宙。数学性地扩展那样的树的组合结构以包含每次分支的可能性是可能的。任何一种物理性理论可以在那样一棵分支可能性之树中存在。

如果作为权力意志的世界是一棵无限地自己套自己的树，那么每种历史甚至所有可能历史将永恒回归。任何有限（甚至无限）的历史重复它自己。但是，那不是尼采最深刻的要点。他的最深刻之点是，即从作为权力意志的世界那儿得来的所有教诲中最深刻之处是，在世界之外，仅仅又一次是这个世界自身。世界之树被包含在世界之树之中，又包含世界之树。世界包含着所有可能的宇宙。在这个世界之外没有世界。没有另外的世界。

过去和未来的自我

如果尼采的永恒回归理论是正确的，那么有无限多的过去和未来的人，他们的生命和身体与你非常类似。他们中有的人拥有和你物理性完全相同的生命和身体。没有疑问，那些人和你是一致的。没有物理性区别，没有生物性区别，而且（由于尼采认为心灵是身体的功能）没有心理性区别。你在作为权力意志的世界中有很多完全一致的副本。很难否认你和你的副本不是同一个人。在作为权力意志的世界中，每个人都有很多典例。

除了你的副本外，有很多人的身体和生命不完全像你的，但是非常相像。你有无限多的一致的孪生者，这里一致的仅是基因。他们拥有和你同样类型的身体，因为他们的 DNA 和你相同。这些和你一致的孪生者和你的很多历史相同。你和所有与你一致的孪生者由同样的父母所生出。但是在那之后，你们的人生经历、性格和人格出现分野。在很深的意义上，你和你的孪生者都是某人的典例。

如果在作为权力意志的世界之中，宇宙的任何可能历史都被实现，那么你的任一种可能的人生经历将被你的孪生者之一所实现，任一种可能的生活将被生活过。如果这是真实的，它将是对悔恨和怨恨的一个有力的矫治。你有什么必须后悔的呢？有什么你希望要做或不要做的事情吗？你的孪生者之一正在做或不做它。所有你的生活被生活过了。

如果你的孪生者知道可能世界历史的回归，那么在这个世界的这一历史中，他们将对你的身体和经历采取同样的态度。你是他们的孪生者，正如同他们是你的。这泯灭了自我执着的强烈性，后者导致我们谴责这个世界。（GS162）如果你被侮辱或被伤害，如果你遭受痛苦，那么你应该将那种苦痛视为你的大我的经历的一部分，这个大我包括了所有你的回归孪生者。相对于你能经历到的所有欢喜和痛苦来说，每一特殊的欢喜或痛苦是微不足道的，所有的行为同等地大和小。（GS233）

永恒回归导致一种斯多葛式的超然。它有一种道德效果。自我在世界中处于平衡状态，因此我们的情感也应在平衡中。这种情感的平衡被斯多葛派称之为宁静，也被称为悲悯。

结　　论

我的父亲过去经常朗诵这首诗：从前波斯有一王，在其戒指之上，刻着智慧良言，它们是："甚至这也将无常。"尼采知道这个故事：

○　　某一位皇帝一直在心中留记着所有事物的无常，如此来使自己不把它们太看重，从而在它们之中平静地生活。对我来说，相反，任何事物都看起来太有价值却太短暂易逝，我为所有事物寻求一种永恒：一个人应该将最贵重的药膏和美酒倾倒到大海中去吗？我的安慰是：曾经存在过的一切都是永恒的，大海将再一次把它收聚起来。（WP1065）

注释：

① 尼采说，永恒回归"不仅仅是唯一最高的洞见，而且是最深奥的，这一洞见最严格地为真理和知识所证实和支持"（EH5：2）。

② 弗拉格·欧德谟斯（Frag Eudemus）272，见吉·斯·柯克和杰·易·雷文:《前苏格拉底哲学家》(G.S.Kirk & J.E.Raven. *The Presocratic Philosophers*. New York: Cambridge University Press，1957)。

③ 大卫·休谟:《自然宗教对话录》第八部分。

④ 杰·罗伊斯:《世界和个体》的附录（J.Royce. *The World and the Individual*. New York：Dover，1959)。

悦·读人生|书系|

生为人，成为人，阅读是最好的途径！

品味和感悟人生，当然需要自己行万里路，更重要的是，需要大量参阅他人的思想，由是，清华大学出版社编辑出版了这套"悦·读人生"书系。

阅读，当然应该是快乐的！在提到阅读的时候往往会说"以飨读者"，把阅读类比为与乡党饮酒，能不快哉！本套丛书定位为选取国内外知名学者的图书，范围主要是人文、哲学、艺术类。阅读此类图书的读者，大都不是为了"功利"，而是为了兴趣，希望读者在品读这套丛书的时候，不仅获取知识，还能收获愉悦！

"最伟大的思想家"

北大、人大、复旦、武大等校30位名师联名推荐，集学术性
与普及性于一体，是不可多得的哲学畅销书

聆听音乐（第七版）

耶鲁大学公开课教材，全美百余
所院校采用，风靡全球

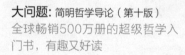

大问题：简明哲学导论（第十版）

全球畅销500万册的超级哲学入
门书，有趣又好读

艺术：让人成为人

人文学通识（第10版）

被誉为"最伟大的人文学教科书"，教你"成为人"